갓생 공무원의
해외투자유치
필살기

감사의 말

이 책이 세상에 나올 수 있었던 것은 지난 3년 동안 셀 수 없이 많은 분들의 든든한 지원과 격려가 있었기 때문입니다.

무엇보다 투자청 설립과 투자 유치 확대를 최우선 공약으로 추진해 주신 박완수 도지사님께 깊은 감사를 드립니다. 도지사님의 확고한 의지와 지원이 있었기에 경남투자청이 탄생할 수 있었고, 다른 지자체의 선제적 사례가 될 수 있었습니다.

담당자 그 누구보다 열정적으로 투자 유치 상담을 함께해 주시며 항상 모범이 되어 주시는 김명주 부지사님께도 진심으로 감사드립니다. 부지사님의 현장 중심적 리더십은 우리 모두에게 큰 영감과 모범이 되었습니다.

경남투자청 강만구 청장님께도 깊은 감사를 드립니다. 청장님의 멘토링 덕분에 초기 투자청이 든든한 뿌리를 내릴 수 있었고, 오늘의 성과를 일궈 냈습니다.

고군분투의 현장에서 함께 땀 흘리며 달려온 국내유치단 및 투자지원단 식구들, 여러분이 있어 희노애락도 같이 있었습니다. 힘들고 지루할 수 있는 해외투자유치라는 긴 여정을 말도 안 되는 카오스 속에서 함께 걸어 준 해외유치단, 특별히 감사합니다. 또한, 경남투자경제진흥원 원장님과 식구들의 전폭적인 이해와 희생이 없었다면 투자청도 없었을 것입니다.

우리의 멋진 카운터파트, 경남도청 투자유치과 식구들과, 18개 시·군(창원, 김해, 양산, 진주, 거제, 통영, 사천, 밀양, 함안, 거창, 창녕, 고성, 하동, 합천, 남해, 함양, 산청, 의령)의 투자 유치 담당 공무원 여러분! 언제나 한 팀이 되어 함께 뛰어 주셔서 고맙습니다. 여러분과 함께하니 불가능해 보이던 일들도 척척 해결되더군요.

그리고 해외에서나 로컬에서나 투자청에 아낌없는 조언과 도움을 주시는 회장님들과 투자 유치 자문 위원분들, 특히 이요한 변호사님, 안혁주 팀장님, 오세진 대표님께 진심으로 감사드립니다. 여러분의 전문적인 조언이 우리의 나침반이 되어 주었습니다.

마지막으로, 경상남도의 자랑스러운 기업인 여러분! 여러분의 도전 정신과 혁신이야말로 경남이 글로벌 투자 허브로 도약할 수 있는 찐 원동력입니다.

이 모든 분들과 함께 만들어 가는 경남의 내일이 더욱 기대됩니다!

목차

002 ··· 감사의 말

006 ··· Prologue

제1장 | 해외투자유치의 모든 것, 핵심만 담다!

008 ··· 한눈에 보는 해외투자유치의 개념과 트렌드

011 ··· 투자 유치 담당자의 필수 업무와 효율적인 Work-Flow

014 ··· SWOT 분석으로 지역 매력 극대화하기

제2장 | 한 번에 정리하는 제도와 정책 가이드

019 ··· 외국인 투자 지원 정책 완벽 가이드맵

025 ··· 국내 복귀 기업 유치를 위한 마스터 플랜

030 ··· 투자자 맞춤형 인센티브 설계 노하우

제3장 | 글로벌 투자 유치 전략 완전 정복

040 ··· 지역 특화 산업 스토리텔링으로 차별화하기

042 ··· 타깃 투자자를 정확히 명중시키는 전략

049 ··· INSC 활용으로 기업 DNA 분석하기

054 ··· 실패 없는 투자 유치 마케팅 실전 전략

제4장 | 전문성으로 투자자를 사로잡아라

058 ⋯ 글로벌 비즈니스 매너와 협상 전략

065 ⋯ 한 번에 통과되는 투자 제안서 작성 비법

070 ⋯ 협상 테이블에서 우위를 선점하는 기술

제5장 | 성공적인 투자 유치의 마무리 전략

086 ⋯ 투자 유치 이후 완벽 관리 체크 리스트

092 ⋯ 사례로 배우는 투자 유치 성공과 실패의 교훈

부록 | 현장에서 바로 쓰는 실전 자료

116 ⋯ 필수 해외투자유치 용어 100선

124 ⋯ 즉시 활용 가능한 실무 템플릿 & 체크 리스트

128 ⋯ **Epilogue**

130 ⋯ **References**

※주 의※

실제 사례로 언급된 경우 외의 Case들은 내용의 이해를 돕기 위해 샘플링 된 예시입니다. 정확한 실제 사례 정보를 원하신다면 KOTRA(대한무역투자진흥공사), 각 지자체 투자 유치 담당 부서, 또는 산업통상자원부의 외국인 투자 관련 공식 자료를 참고하세요.

Prologue

투자 유치, 이제는 모든 지자체의 필수 미션!

- 안녕하세요, 투자 유치 실무자 여러분.
이 책을 펼친 여러분 중에는 갑작스럽게 해외투자유치 업무를 맡게 된 분들이 많을 것입니다. 새로운 부서 발령을 받고 '해외투자유치'라는 생소한 단어에 당혹감을 느끼셨나요? 혹은 투자 유치 업무를 맡았지만, 체계적인 가이드 없이 막막함을 느끼고 계신가요?
최근 몇 년간 대한민국의 모든 지방 자치 단체가 경쟁적으로 '투자 유치'를 강조하고 있습니다. 인구 감소, 지방 소멸 위기, 산업 구조 변화 등의 도전에 직면한 지역들이 새로운 성장 동력을 찾기 위해 해외 자본과 기업 유치에 사활을 걸고 있습니다. 하지만 현실은 어떤가요? 투자 유치 부서에 배치된 많은 공무원이 충분한 훈련이나 정보 없이 업무를 시작하게 됩니다.

"외국 기업들을 어떻게 접촉해야 할까?"
"우리 지역의 강점을 어떻게 효과적으로 알릴 수 있을까?"
"투자 인센티브는 어떻게 설계해야 할까?"

"글로벌 기업과의 협상에서 주의할 점은 무엇일까?"

이런 질문들에 답을 찾지 못해 고민하시는 분들을 위해 이 책을 준비했습니다. (참, 제 소개가 늦었네요!) 저는 지자체 최초로 설립된 경남투자청에서 해외투자유치단 단장직을 맡고 있습니다. "어디서부터 시작해야 하지?" 하는 표정으로 업무를 마주했던 날들이 있었죠. 2년 동안 투자 유치 최전선에서 뛰면서, 수개월간 공들인 프로젝트가 마지막 순간에 무산되는 아픔도 겪었고, 유치 막바지 단계에서 글로벌 정세와 우리나라 정치 상황의 급변으로 무기한 연기되는 허무함도 겪었습니다. 몇 날 며칠 밤 새워 준비해서 IR에 참여했지만 다른 지역으로 간 기업도 있었고, 지자체 간의 현황 때문에 준비된 투자자에게 거절을 해야 하는 일도 있었습니다. 하지만 그 모든 시행착오가 지금의 저를 만들었고, 여러분에게 전해 드릴 '실전 노하우'가 되었습니다. 이 책에는 교과서에도, 메뉴얼에도 없는, 오직 현장에서만 배울 수 있는 '진짜 투자 유치' 이야기를 담았습니다.

이 책 『갓생 공무원의 해외투자유치 필살기』는 바로 그런 마음에서 태어났습니다. 복잡한 이론이나 TMI(Too Much Information) 없이, 실무에서 바로 적용할 수 있는 핵심 내용과 사례만을 담았습니다. 편하고 친근하게 읽어 주시길 바랍니다. 반말로 기술한 점도 이해 부탁드립니다. 저는 여러분이 이 책을 통해 해외투자유치 업무를 빠르게 이해하고, 자신감을 가지고 실무에 적용할 수 있기를 바랍니다. 또한 이 책이 여러분이 계시는 지역의 발전과 대한민국의 균형 있는 성장에 작은 씨앗이 되기를 희망합니다.

자, 이제 함께 '갓생' 투자 유치 담당자로 성장하는 여정을 시작해 볼까요?

제1장
해외투자유치의 모든 것, 핵심만 담다!

❖ 한눈에 보는 해외투자유치의 개념과 트렌드

■ 해외투자유치가 뭐야?

해외투자유치는 외국인이나 외국 기업이 우리나라에 자본을 투자해서 경제적 이익을 만드는 활동이야. 쉽게 말해서 외국인이 국내 기업의 지분을 10% 이상 취득하거나 새로운 회사를 설립하는 거지.

★ **알아 두면 좋은 TIP!** 외국인 투자 촉진법에서는 '외국인 직접 투자(FDI)'를 외국인이 국내 기업의 의결권 있는 주식이나 지분을 10% 이상 취득하거나, 5년 이상의 장기 차관을 제공하는 행위로 정의하고 있어.

해외투자유치와 FDI(외국인 직접 투자) 비교

구분	해외 투자 유치	FDI(외국인 직접 투자)
정의	외국 자본을 유치하기 위한 포괄적인 활동 및 정책	외국인이 경영에 참여할 목적으로 국내 기업에 투자하는 행위
범위	직접 투자, 포트폴리오 투자, 기타 금융 투자 등 모든 형태의 외국 자본 유입	지분 10% 이상 취득 등 경영 참여를 목적으로 하는 직접 투자에 한정
주요 형태	투자 유치 정책 수립, 인센티브 설계, 투자자 발굴, 홍보 활동 등	그린필드 투자, M&A, 협력 투자(JV), 재투자
주요 주체	중앙 정부, 지방 자치 단체, 투자 유치 기관(KOTRA 등)	다국적 기업, 외국계 투자자, 외국 자본
기대 효과	경제 활성화, 지역 발전, 국제 경쟁력 강화, 일자리 창출	자본 유입, 기술 이전, 고용 창출, 산업 구조 고도화, 글로벌 가치 사슬 편입

ⓒ 갓생 공무원의 해외투자유치 필살기

■ 왜 해외투자유치가 중요한데?

- 일자리가 생겨: 지난해 외국인 투자 기업 평균 고용 인원은 국내 기업의 2.4배였어.
- 기술이 들어와: SK하이닉스-인텔 인수 사례처럼 선진 기술 확보가 가능해.
- 지역 경제가 살아나: 평택 삼성-TSMC 투자로 지역 부동산과 상권이 활성화됐지.
- 세금이 늘어나: 외국인 투자 기업의 국내 법인세 납부액이 2023년 기준 8.4조 원이야.

■ 2025년 주목할 글로벌 투자 Trend TOP 5

1. ESG 중심 투자 확대
- 사례: 노르웨이 국부 펀드의 ESG 미충족 기업 투자 철회.
- 대응법: 지역의 친환경 정책과 사회적 가치 창출 사례를 전면에 내세워.

2. 글로벌 공급망 재편
- 사례: 애플의 '차이나 플러스 원' 전략으로 인도·베트남 생산 기지 확대.
- 대응법: 안정적 공급망 구축 지원책과, K-반도체 벨트 같은 산업 생태계를 강조해.

3. 디지털 전환 가속화
- 사례: 마이크로소프트의 한국 클라우드 리전 1.5조 원 투자.
- 대응법: 디지털 규제 샌드 박스, 데이터 센터 인프라, ICT 인력 풀을 어필해.

4. 그린 투자 증가
- 사례: 독일 RWE의 한국 해상 풍력 시장 진출.
- 대응법: 그린 산업 단지, 재생 에너지 인프라, 탄소 중립 로드맵을 보여 줘.

5. 바이오 헬스 산업 성장
- 사례: CSL 베링의 인천 혈액제제 공장 6,000억 원 투자.
- 대응법: 바이오 클러스터, 임상·허가 지원책, 의료 데이터 활용 규제 완화를

강조해.

※참고 사이트
· 산업통상자원부 외국인 투자 통계: www.motie.go.kr
· KOTRA 해외투자유치 포털: www.investkorea.org
· 한국은행 해외 투자 동향: www.bok.or.kr

❖ 투자 유치 담당자의 필수 업무와 효율적인 Work-Flow

■ 월별 핵심 업무 패턴

(1-2월) 전략 수립기	(3-4월) 준비기
·연간 투자 유치 목표 및 전략 수립 ·타깃 산업 / 기업 선정 ·투자 마케팅 자료 업데이트	·투자 유치 홍보물 제작 ·상반기 투자 설명회 준비 ·해외 IR 출장 계획 수립
(5-6월) 집중 유치기 I	**(7-8월) 중간 점검기**
·글로벌 투자 박람회 참가 ·잠재 투자자 1:1 미팅 ·KOTRA 연계 IR 활동	·상반기 투자 유치 성과 분석 ·하반기 전략 조정 ·주요 투자자 팔로우업
(9-10월) 집중 유치기 II	**(11-12월) 마무리기**
·하반기 투자 유치 활동 가속화 ·잠재 투자자 현장 방문 지원 ·구체적 투자 조건 협상	·연간 투자 유치 성과 분석 ·투자 계약 마무리 ·차기 년도 전략 기초 작업

■ 투자 유치 담당자의 핵심 역할 Mind-Map

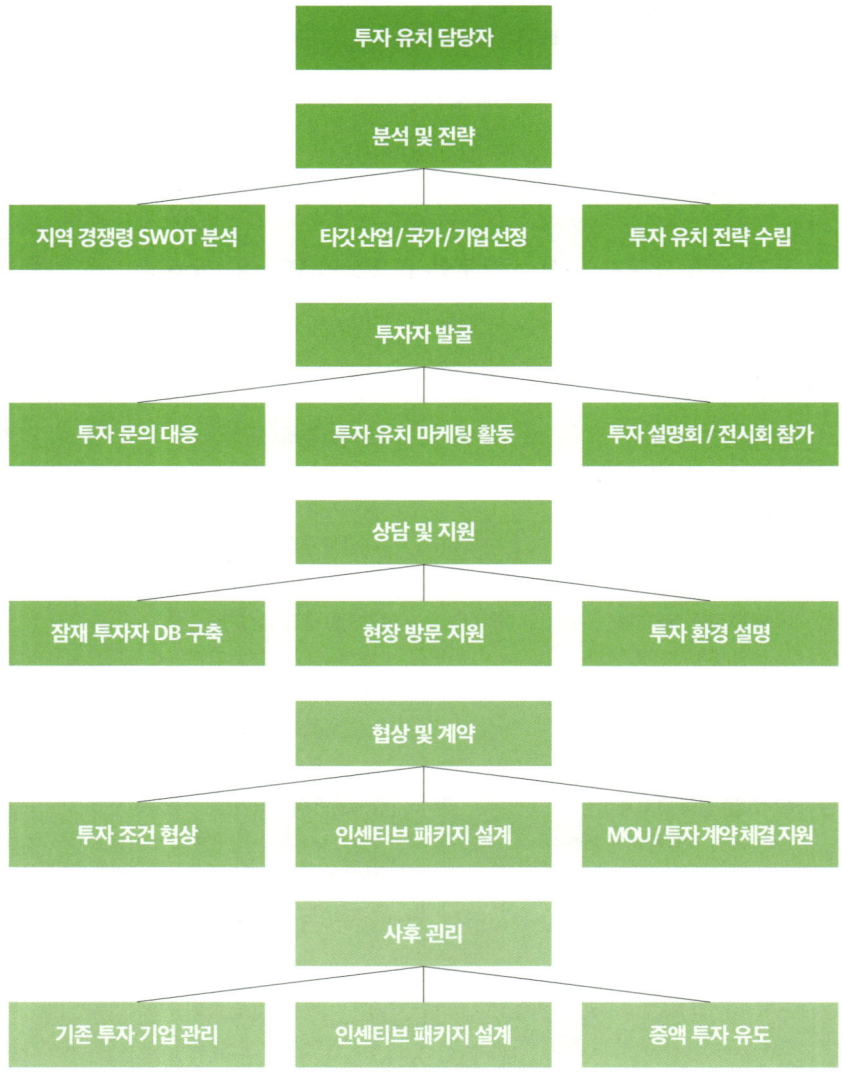

■ 현장 Insight: 성공하는 투자 유치 담당자의 5가지 습관

1. 아침형 인간으로 사는 습관: 해외 투자자와의 시차를 고려해 E메일은 아침에 체크해.

2. 메모의 달인이 되는 습관: 투자자와의 모든 대화, 요청 사항을 기록하고 관리해.

3. 24시간 내 답변하는 습관: 투자자 문의에는 무조건 하루 안에 회신해 주는 것이 중요해.(아직 답을 못 찾았다면 "확인 중"이라도)

4. 끝까지 팔로우업 하는 습관: 연락이 끊겼다고 포기하지 말고 3번은 더 시도해 봐.

5. 항상 배우는 습관: 산업 트렌드, 성공 사례, 외국어 등 자기 개발에 투자해.

> **실전 사례) A시 투자 유치과 김OO 주무관**
> 2022년 독일 B사 유치 당시, 투자자가 원하는 입지를 빠르게 찾기 위해 산단공 담당자, 지역 중개업소와 단체 채팅방을 만들어 실시간 소통했어. 덕분에 2주 만에 최적의 부지를 제안할 수 있었고, 경쟁 지역을 제치고 투자를 확정 지을 수 있었지.

■ 투자 유치 협업 네트워크

효과적인 투자 유치를 위해선 이 기관들과 긴밀히 협력해야 해!

★ **투자 유치 담당자 실전 TIP!** KOTRA 외국인 투자 옴부즈만(02-3497-1827)을 적극 활용해! 외투 기업의 고충 처리와 제도 개선 요청에 큰 도움을 받을 수 있어.

❖ SWOT 분석으로 지역 매력 극대화하기

■ SWOT 분석이란

SWOT 분석은 강점(Strengths), 약점(Weaknesses), 기회(Opportunities), 위협(Threats)을 분석해서 전략을 도출하는 방법이야. 지역의 투자 매력도를 객관적으로 진단하고 효과적인 투자 유치 전략을 세울 수 있어.

■ SWOT 분석 3단계 프로세스

1단계: 데이터 수집

·산업 구조, 기업 현황, 인프라, 인력, 생활 환경 등 데이터 수집.

·중앙 / 지방 정부 통계, 기업 인터뷰, 전문가 의견, 벤치마킹 사례 활용.

2단계: SWOT 요소 분석

·강점(S): 지역만의 차별화된 우위 요소 발굴.

·약점(W): 투자 장애 요인이나 경쟁력 열위 요소 파악.

·기회(O): 외부 환경에서 오는 유리한 요소 포착.

·위협(T): 외부 환경에서 오는 불리한 요소 대비.

3단계: 전략 도출

·SO 전략: 강점을 활용해 기회를 포착하는 공격 전략.

·WO 전략: 약점을 보완하며 기회를 활용하는 만회 전략.

·ST 전략: 강점을 활용해 위협에 대응하는 다각화 전략.

·WT 전략: 약점을 보완하고 위협을 회피하는 방어 전략.

■ 실전 SWOT 분석 사례: 반도체 산업 중심 A지역

강점(S)	약점(W)
·글로벌 반도체 기업 3개사 기진출 ·반도체 장비·소재 기업 50개 이상 집적 ·안정적 전력·용수 인프라 구축 ·반도체 특성화 대학, 연구소 보유 ·첨단 산업 특화 산업 단지 운영 중	·수도권 대비 교통 접근성 제한적 ·국제 학교, 외국인 병원 등 정주 환경 부족 ·글로벌 수준의 R&D 센터 부재 ·고급 엔지니어 부족 ·외국어 가능 행정 인력 제한적
기회(O)	위협(T)
·AI 확산으로 인한 반도체 수요 급증 ·정부의 K-반도체 벨트 구축 계획 ·글로벌 공급망 재편으로 인한 투자 확대 ·ESG 중심 투자 확대로 친환경 반도체 부각 ·미국-중국 기술 패권 경쟁으로 인한 제3국 투자 수요	·미국, 대만, 일본 등 경쟁국의 적극적 투자 유치 ·반도체 사이클에 따른 투자 불확실성 ·중국의 급속한 기술 추격 ·글로벌 경기 침체 우려 ·인접 국가와의 지정학적 긴장

성공 사례) A지역 반도체 투자 유치
A지역은 SWOT 분석 결과를 바탕으로 친환경 반도체 캠퍼스를 핵심 차별화 전략으로 내세워 2023년 글로벌 기업 C사의 8억 달러 투자를 유치했어. RE100 달성을 목표로 하는 C사의 ESG 경영 방침과 A지역 재생 에너지 인프라를 연계한 맞춤형 제안이 결정적이었지.

■ 도출된 투자 유치 전략

[SO 전략] 반도체 클러스터 강점을 활용한 AI 특화 반도체 투자 유치	[WO 전략] 정주 환경 개선을 통한 글로벌 인재 유치
·AI 반도체 특화 산업 단지 조성 ·기존 반도체 기업과 AI 기업 간의 협력 플랫폼 구축 ·K-반도체 벨트와 연계한 특별 인센티브 패키지 마련	·외국인 특화 주거 단지 조성 ·국제 학교·외국인 병원 유치 추진 ·글로벌 R&D 센터 유치를 위한 인센티브 강화
[ST 전략] 차별화된 친환경 반도체 생태계 구축	[WT 전략] 니치 시장 공략 특화 전략
·재생 에너지를 100% 사용하는 반도체 캠퍼스 조성 ·탄소 중립 반도체 생산 기술 개발 지원 ·한국-미국-유럽 기술 동맹 강화를 통한 공동 R&D 추진	·전력 반도체, 자동차용 반도체 등 특화 분야 집중 육성 ·중소·중견 기업 중심의 특화 생태계 구축 ·리쇼어링 기업 대상 맞춤형 지원 강화

※ 참고 자료
· Porter, M. E. (1998, 『Competitive Advantage: Creating and Sustaining Superior Performance』
· 산업통상자원부 (2024), 『외국인 투자 유치 매뉴얼』
· KOTRA (2025), 『글로벌 투자 유치 트렌드 리포트』

■ 한 장으로 보는 SWOT 메트릭스 작성법

강점(S)	약점(W)
·차별화된 산업 생태계 ·핵심 인프라 경쟁력 ·우수 R&D 역량 ·성공적 투자 유치 경험	·물류, 인프라 미비점 ·인력 수급 한계 ·정주 환경 문제 ·행정 / 규제 장애 요인
기회(O)	**위협(T)**
·신산업 / 기술 트랜드 ·정부 정책 / 지원 ·글로벌 공급망 재편 ·시장 확대 가능성	·경쟁 지역 동향 ·산업 구조 변화 ·국제 관계 / 지정학정 변화 ·경기 침체 우려

↓ ↓

SO 전략(공격)	**WO 전략(만회)**
강점+기회 연계 (최대·최대 전략)	약점 보완하며 기회 활용(최소·최대 전략)

↓ ↓

ST 전략(다각화)	**WO 전략(만회)**
강점으로 위협 대응 (최대·최대 전략)	약점 보완, 위협 회피(최소·최소 전략)

제2장
한 번에 정리하는 제도와 정책 가이드

❖ 외국인 투자 지원 정책 완벽 가이드맵

■ 외국인 투자 촉진법
외국인 투자 촉진법? 그냥 복잡한 법률이라고 생각하지 마. 이 법은 우리의 무기야! 외국인 투자를 끌어오기 위한 한국의 기본 정책과 인센티브를 담고 있거든!

■ 알아 두면 좋은 핵심 POINT!
외국인 직접 투자(FDI) 기준: 외국인이 국내 기업 지분 10% 이상 취득하면 FDI로 인정.
신고·신청 주체: 외국인 투자가는 외국인, 신청은 대리인도 가능.
유치 제한 업종: 국가 안보 관련 극소수 업종 외에는 대부분 투자 가능.
장기 차관: 5년 이상 차관도 외국인 직접 투자로 인정.
미처분 이익 잉여금: 외국인 투자 기업이 국내에서 발생한 이익을 재투자할 경우, 이를 외국인 직접 투자로 인정하여 다양한 세제 혜택 적용 가능.

숫자로 보는 외국인 투자

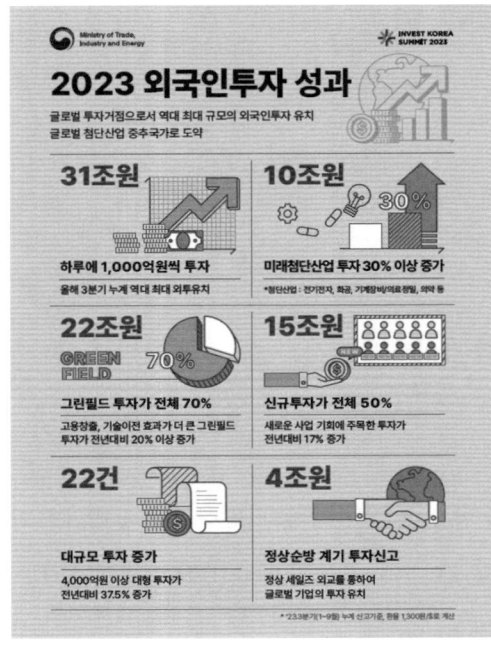

1. 2023년 외국인 직접 투자 신고 금액 31.7억 달러

2. 2023년 전년 대비 증가율 11.3%

3. 주요 투자국
미국(27.2%), 일본(14.3%), 중국(11.8%), EU(28.6%)

4. 주요 투자 업종
전기·전자(22.3%), 화학(13.7%), 기계·장비(11.2%)

(출처: 산업통상자원부 2024년 외국인 투자 통계)

외국인 직접 투자 동향

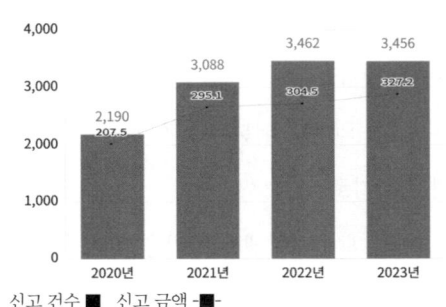

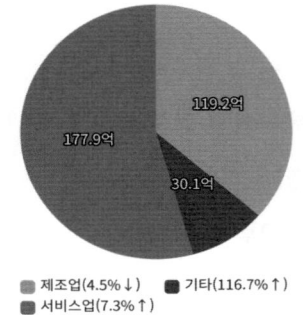

❖ 꼭 활용해야 할 인센티브 총정리

■ 조세 인센티브

1) 국세 감면

대상 기업: 신성장 동력 산업, 첨단 기술 산업, 산업 지원 서비스업 등.

혜택 내용: 법인세, 소득세, 관세 등 감면.

감면 기간: 최초 3 ~ 5년간 100%, 이후 2년간 50% 감면.

실제 사례: 글로벌 배터리 A社, 전기차 부품 전용 공장 투자로 5년간 법인세 100% 감면.

2) 지방세 감면

대상 세목: 취득세, 재산세 등.

감면 기간: 최대 15년까지.(지자체 조례에 따라 차등)

실제 사례: 바이오 기업 B사, 충북 오송 공장 설립 시 취득세 75%, 재산세 7년간 100% 감면 적용.

★ **놓치기 쉬운 세금 혜택 TIP!** 외투 기업이 국내 정상 가격보다 높은 가격으로 부동산 등을 취득할 경우, 정상 가격 기준으로만 취득세가 부과돼. 이 제도를 활용하면 비싼 부지를 취득해도 세금으로 인한 기업 부담을 크게 줄일 수 있어!

■ 현금 지원

1) 지원 대상

· 신성장 동력 산업, 첨단 기술 산업 분야 투자.

· 연구 개발(R&D) 시설 설치 투자.

· 지역 본부 설립 투자.(외국인 투자 지역 입주 기업)

2) 지원 규모

· 투자 금액의 최대 30%(지방 투자 시 40%) 이내 현금 지원.

· 최종 지원 비율과 금액은 고용 창출 효과, 기술 수준, 입지 등 고려하여 결정.

> **실제 사례:** 프랑스 C社는 전남에 그린 수소 생산 설비 투자 시, 750억 원 투자 금액의 20%인 150억 원의 현금 지원을 받았대!

3) 현금 지원 신청 시 꼭 챙겨야 할 자료

1. 투자 계획서.(투자 목적, 규모, 추진 일정 등)
2. 기술 수준 증빙 자료.(특허, 인증서 등)
3. 재무 구조 및 신용 등급 자료.
4. 고용 계획서.(인원, 직종, 임금 수준 등)
5. 경제적 효과 분석 자료.

■ 입지 지원

외국인 투자 지역 4가지 유형

1. 단지형: 외국인 투자 기업 전용 산업 단지

·사례: 인천 송도, 평택, 천안, 대불 등 13개 단지.

·입주 자격: 제조업 1천만 불 이상, 물류업 5백만 불 이상 투자.

2. 개별형: 대규모 투자에 대한 맞춤형 입지 지정

·사례: 삼성-테슬라 반도체 공장, 사우디 S-OIL 정유 공장 등.

·입주 자격: 제조업 3천만 불 이상, 관광업 2천만 불 이상 투자.

3. 서비스형: 서비스 산업 투자 유치를 위한 특별 구역

·사례: 서울 여의도, 부산 해운대 등 7개 구역.

·입주 자격: R&D, 물류, 금융 등 서비스업 1백만 불 이상 투자.

4. 경제 자유 구역: 규제 완화, 세제 혜택 등 종합 지원

·사례: 인천, 부산-진해, 광양만권 등 9개 구역.

·특징: 교육, 의료, 주거 등 외국인 정주 환경 지원.

■ **임대료 감면 혜택**

·최대 100% 감면, 50년까지 임대 가능.(업종, 투자 규모에 따라 차등)

·토지 취득 시에도 분할 납부 최대 20년 가능.

★ 실전 TIP! 투자가가 선호하는 입지 정보 사이트

· KOTRA 투자 입지 정보: https://www.investkorea.org/ik-kr/cntnts/i-313/web.do

· 산업 단지 정보 시스템: https://www.industryland.or.kr

· 경제 자유 구역 종합정보: https://www.fez.go.kr

■ 인센티브 한눈에 보기(상세 요건은 지역별 산업별로 상이. 해당 지자체 투자유치과로 확인 필수)

조세 지원	현금 지원
·국세(법인세·소득세·관세) 감면 최대 7년 ·지방세(취득세·재산세) 감면 최대 15년 ·외국인 투자가 양도 소득세 면제	·신성장 동력·첨단 기술: 투자 금액의 최대 30% ·지방 투자: 투자 금액의 최대 40% ·지원 항목: 토지·건물 구입비, 장비 구입비 등
입지 지원	기타 지원
·외국인 투자 지역(단지형·개발형·서비스형) 지정 ·국·공유 재산 임대료 감면(최대 100%) ·입지 보조금 지원(토지 매입가의 최대 50%)	·외국인 정주 환경: 외국인 학교, 병원 우선 이용 ·행정 지원: 원스톱 서비스, 옴부즈만 제도 ·현금지원심의위원회 ·투자가 편의 심사

★ 실무자 인사이트: "지자체별 특화 인센티브는 중앙 정부 지원책과 중복 지원이 가능한 경우가 많아. 투자 유치 담당자는 두 가지를 적극적으로 활용하여 투자자에게 최대한의 혜택을 제안해야 해."(경제자유구역청 K팀장)

❖ 국내 복귀 기업 유치를 위한 마스터 플랜

■ 리쇼어링의 개념과 트렌드
리쇼어링이란?
해외로 진출했던 국내 기업이 국내로 다시 돌아오는 것을 말해. 자국 내 일자리 창출, 공급망 안정화 등을 목적으로 전 세계적으로 확산되는 추세야.

■ 국내 복귀 기업 인정 유형
1. **완전 복귀형:** 해외 사업장 청산·양도 후 국내 신·증설.
2. **부분 복귀형:** 해외 사업장 축소(생산량 30% 이상) 후 국내 신·증설.
3. **신·증설형:** 해외 사업장 유지하면서 국내 신·증설.(해외 생산량의 50% 이상)

■ 최근 리쇼어링 트렌드
- **공급망 안정성 강화:** 코로나 19, 국제 분쟁 등으로 인한 공급망 위기 대응.
- **기술 보호 중시:** 핵심 기술 유출 방지 및 지식 재산권 보호.
- **자동화로 인건비 격차 축소:** 스마트 팩토리 도입으로 인건비 비중 감소.
- **고부가가치 집중:** R&D, 핵심 부품 생산 등 고부가가치 공정 중심 복귀.

■ 글로벌 리쇼어링 현황
- **미국:** 인플레이션 감축법(IRA)으로 전기차, 배터리 등 리쇼어링 급증.
- **일본:** 공급망 강화법으로 반도체, 의료 기기 등 전략 물자 국내 생산 확대.

· EU: 유럽 칩법으로 반도체 생산 역량 강화 프로그램 추진.

(출처: 2024 글로벌 공급망 리포트, KOTRA)

국내 복귀 기업 지원 정책 총정리

■ 지원 대상

· **해외사 업장 운영 기간:** 최소 2년 이상.

· **업종 범위:** 제조업, 정보 통신업, 지식 서비스업 등.

· **복귀 방식:** 완전 복귀형, 부분 복귀형, 신·증설형 모두 가능.

· **투자 규모:** 최소 기준 없음.(투자 규모에 따라 지원 수준 차등)

■ 핵심 지원 제도

1) 조세 지원

· **법인세·소득세:** 최대 7년간 감면.(수도권 5년, 비수도권 7년)

· **관세:** 자본재 도입 시 최대 5년간 면제.

· **지방세:** 취득세·재산세 최대 15년간 감면.(조례에 따라 차등)

2) 보조금 지원

· **설비 투자금:** 투자 금액의 최대 30%.(수도권 외 지역)

· **입지 보조금:** 토지 매입가의 최대 40%.(비수도권)

· **고용 보조금:** 신규 고용 1인당 월 최대 100만 원.(1년)

· 교육 훈련 보조금: 1인당 월 최대 50만 원.(6개월)

3) 금융 지원
· 시설 자금 융자: 투자 금액의 최대 90%, 최대 10년 상환.
· 운영 자금 융자: 최대 50억 원, 5년 상환.
· 보증 지원: 보증료율 우대, 보증 비율 상향.(최대 95%)

4) 인력 지원
· 외국인 고용 특례: 외국인 고용 한도 확대, E-7 비자 발급 우대.
· 병역 특례: 병역 지정 업체 지정 요건 완화.
· 고용 안정 장려금: 퇴직자 재고용 시 인건비 지원.

5) 기타 지원
· 입지 지원: 산업 단지 우선 입주권, 임대료 감면.
· 스마트 공장 구축: 스마트 공장 구축 비용 우대 지원.
· 규제 특례: 각종 인허가 절차 간소화, 입지 규제 완화.

■ 리쇼어링 성공 사례 분석

사례 1: A자동차 부품 기업(완전 복귀형)
배경: 중국 내 인건비 상승, 물류비 증가, 기술 유출 우려.

투자 내용: 충남 아산에 200억 원 투자, 고급 자동차 부품 생산 라인 구축.
성공 요인: 스마트 팩토리 도입으로 생산성 3배 향상, 인건비 비중 30%→10% 감소.
지원 혜택: 법인세 5년간 100% 감면, 설비 투자 보조금 40억 원, 고용 보조금 2억 원.
성과: 수출 60% 증가, 기술 경쟁력 강화, 국내 일자리 80개 창출.

사례 2: B전자 기업(부분 복귀형)

배경: 베트남 생산 라인 일부 유지, 프리미엄 제품 생산 기지 국내 이전.
투자 내용: 경기 평택에 500억 원 투자, 고부가가치 전자 제품 생산.
성공 요인: 대기업 협력사 동반 복귀로 공급망 안정화, R&D 센터 연계 시너지.
지원 혜택: 법인세 3년 100%, 2년 50% 감면, 산업 단지 우선 배정, 융자 300억 원.
성과: 매출 40% 증가, 국내 일자리 150개 창출, 협력사 5개 동반 복귀.

사례 3: C바이오 기업(신·증설형)

배경: 중국 공장 유지하며 고부가가치 의약품 생산 라인 국내 신설.
투자 내용: 충북 오송에 1,000억 원 투자, 바이오 의약품 생산 시설 구축.
성공 요인: 바이오 클러스터 입주로 R&D 협력 강화, 규제 샌드박스 적용.
지원 혜택: 법인세 7년 감면, 취득세 면제, 시설 자금 융자 700억 원, 고용 보조금.
성과: 글로벌 수출 거점화, 국내 일자리 200개 창출, 추가 1,000억 원 투자 유치.

★ **리쇼어링 성공 포인트** 성공적 국내 복귀 기업들의 공통점은 단순한 비용 절감보다 '기술 보호', '자동화를 통한 생산성 향상', '고부가가치 집중', '지역 클러스터와의 연계'에 초점을 맞췄다는 거야.

❖ 리쇼어링 유치 실전 가이드

1. 타깃 기업 발굴 3단계 프로세스

1. 타깃 풀 구성	2. 핵심 타깃 선별	3. 맞춤형 접근 전략
·해외 진출 기업 DB 구축 (산업부, KOTRA DB 활용) ·주요 해외 산업 단지 내 한국 기업 조사 ·지역 연고 해외 진출 기업 발굴	·해외 인건비 상승, 환율 등 경제적 요인 분석 ·공급망 재편 수혜 가능 업종 집중 ·지역 산업 생태계와 연계 가능성 검토 ·리쇼어링 시 경쟁력 확보 가능 업종 선정	·기업별 해외 진출 배경 및 애로 사항 분석 ·투자 의향 사전 조사 및 관계 구축 ·맞춤형 지원 패키지 설계 ·본사 ~ 현지 법인 동시 접촉 전략 수립

2. 리쇼어링 설득 핵심 POINT!

1) 경제적 요인

· 자동화 · 스마트화로 인한 인건비 격차 축소.

· 물류비, 관세 등 증가하는 해외 운영 비용 강조.

· 환율 변동에 따른 리스크 감소.

2) 전략적 요인

· 기술 유출 방지 및 지식 재산권 보호.

· 시장 접근성 강화 및 고객 대응력 향상.

· R&D와 생산의 연계로 혁신 역량 강화.

· 국내 우수 인력 확보 기회.

3) 정책적 요인

· 정부와 지자체의 파격적 인센티브.

· 리쇼어링 기업 전용 산업 단지 입주 기회.

· 규제 특례 및 행정 절차 간소화.

· 협력사 동반 복귀 시 추가 혜택.

★ **담당자 실전 TIP!** "국내 복귀 기업의 가장 큰 고민은 숙련 인력 확보야. 지역 대학, 폴리텍 등과 연계한 맞춤형 인력 양성 프로그램을 미리 알아 두면 투자 결정에 결정적인 요소가 될 수 있어."(산업부 국내복귀기업지원팀 P사무관)

❖ 투자자 맞춤형 인센티브 설계 노하우

전략적 투자자(SI) vs 재무적 투자자(FI)

투자자 유형 비교

전략적 투자자(Strategic Invesror)	재무적 투자자(Financial Investor)
특징 · 사업 확장, 시장 진출, 기술 획득 목적의 기업 투자자 **결정 요인** · 시장 접근성, 인프라, 산업 생태계, 인력 **접근법** · 장기적 비전과 사업 시너지 강조	**특징** · 수익 창출 목적의 펀드, 투자 회사 등 **결정 요인** · ROI, 회수 가능성, 위험 대비 수익률 **접근법** · 재무적 인센티브와 위험 경감 방안 강조

■ 지역별 투자자 특성

북미권: 기술력과 혁신에 관심, 신속한 의사 결정, 실용적 접근.

유럽권: 안정성과 규제 환경 중시, ESG 민감, 철저한 실사.

일본: 장기적 관계와 신뢰 중시, 리스크 회피적, 단계적 투자.

중국: 규모의 경제와 비용 민감, 빠른 의사 결정, 정부 관계 중시.

■ 산업별 투자자 니즈

제조업: 인프라, 물류, 인력, 공급망 네트워크 중시.

R&D 센터: 우수 인력, 연구 기관 협력, 지식 재산권 보호 중요.

서비스업: 시장 접근성, 규제 환경, 생활 여건 우선.

물류·유통: 교통 인프라, 통관 절차, 물류 네트워크 핵심.

■ 업종별 핵심 고려 요소 TOP 3

반도체: 전력 / 용수 인프라, 기술 인력, 협력사 생태계.

바이오: 임상 / 허가 지원, 연구 인력, 바이오 클러스터 연계.

자동차: 물류 접근성, 부품 공급망, 숙련 인력.

에너지: 송전망 접근성, 인허가 절차, 장기 수익 보장.

ICT 서비스: 데이터 센터 인프라, 고급 IT 인력, 규제 유연성.

❖ 인센티브 설계 5단계 프로세스

1단계: 투자자 프로파일링

· 투자 목적과 성격(시장 진출형, 수출 기지형, R&D형 등) 파악.

· 의사 결정 구조와 핵심 의사 결정권자 식별.

· 투자자 리스크 성향 및 투자 이력 분석.

· 경쟁 지역 비교 분석 및 투자자 핵심 고려 요소 도출.

2단계: 활용 가능한 인센티브 풀 검토

· 중앙 정부 지원 제도 적용 가능성 검토.

· 지자체 특화 인센티브 검토.

· 산업별 / 지역별 특별 지원책 발굴.

· 비금전적 지원 요소 파악.(규제 완화, 행정 지원 등)

3단계: 맞춤형 패키지 설계

· 투자자 핵심 니즈에 맞춘 중점 인센티브 선별.

· 단계별 투자에 따른 인센티브 구조화.

· 경쟁 지역 대비 차별화 포인트 발굴.

· 인센티브 패키지의 총 가치 산출.

4단계: 제안서 작성

· 투자자 관점에서의 가치 제안 명확화.

· 시각적으로 이해하기 쉬운 자료 구성.

· 비교 분석을 통한 경쟁 우위 강조.

· 인센티브별 절차와 조건 투명하게 제시.

5단계: 협상 및 조정

· 투자자 피드백 수렴 및 패키지 조정.

· 투자 규모, 고용, 기술 이전 등 조건부 인센티브 협의.

· 최종 인센티브 패키지 확정 및 MOU 체결.

· 이행 계획 및 모니터링 방안 수립.

인센티브 설계 5단계 프로세스

1단계 투자자 프로파일링	2단계 인센티브 풀 검토	3단계 맞춤형 패키지 설계	4단계 제안서 작성	5단계 협상 및 조정
·투자 목적 파악 ·의사 결정 구조 ·리스크 성향 ·투자 이력 분석 ·핵심 고려 요소	·중앙 정부 제도 ·지자체 인센티브 ·산업별 지원책 ·특구/클러스터 ·비금전적 지원	·핵심 니즈 매칭 ·차별화 포인트 ·단계별 구조화 ·경쟁력 총합산 ·ROI 시뮬레이션	·투자자 관점 가치제안 명확화 ·시각적 이해 자료 구성 ·비교 분석 통한 경쟁 우위 강조 ·인센티브별 절차와 조건 제시 ·핵심 가치 시각화	·레드 라인 설정 ·협상 전략 수립 ·조건부 협상 포인트 ·단계별 승인 체계 ·대안 제시 준비

> **실전 사례**: D지역의 E자동차 배터리 기업 유치
> D지역은 E기업의 배터리 공장 유치를 위해 투자자 의사 결정자를 분석해서 '안정적 전력 공급'과 '숙련 인력 확보'가 최우선 고려 사항임을 파악했어. 이에 맞춰 표준 인센티브 외에 ① 지역 특별 전력 구역 지정으로 전력 안정성 보장, ② 지역 전문대학 내 맞춤형 인력 양성 센터 설립, ③ 연구 인력 주택 특별 공급 등 3가지 특화 인센티브를 설계 3가지를 진행하여 경쟁 지역을 제치고 투자 유치에 성공했지.

■ 협상 전략의 핵심 POINT!

Win-Win 접근법 개발

· 투자자와 지역 모두에게 가치 있는 인센티브 설계.

· 투자자 비즈니스 모델에 긍정적 영향을 주는 요소 집중.

· 투자자 성공이 지역 발전으로 연결되는 선순환 구조 설명.

단계적 인센티브 구성

· 초기 투자 → 증액 투자 → 장기 정착 단계별 인센티브 설계.

· 투자 이행, 고용 창출 등 성과에 연동된 인센티브 비중 확대.

· 장기 파트너십 강화를 위한 지속적 지원 프로그램 마련 .

투자자 결정 요인 공략

· 외부적 경쟁 요소보다 투자자 내부 의사 결정 요인 집중 공략.

· 본사 vs 현지 법인 간 상이한 이해관계 조율 지원.

· 의사 결정권자의 개인적 관심사와 우선순위 파악.

경쟁 지역 분석과 대응

·경쟁 지역의 인센티브 패키지 사전 파악.

·약점은 보완하고 강점은 극대화하는 차별화 전략.

·비교 가능한 수치화된 총 인센티브 가치 산출로 우위 입증.

투자자 유형별 맞춤 인센티브 구성 요소

R&D 중심 투자자	제조 중심 투자자
·연구 개발비 매칭 펀드 ·산학연 공동 연구 프로젝트 지원 ·기술 라이센싱 및 지식 재산권 보호 지원 ·연구 인력 주거 지원 및 자녀 교육 혜택 ·지역 대학 / 연구소와의 협력 플랫폼	·토지 / 건물 매입 / 임대 지원 ·설비 투자 보조금 ·공장 자동화 / 스마트화 지원 ·물류 / 운송 인프라 지원 ·협력 업체 동반 입주 혜택
서비스업 투자자	그린필드 vs 브라운필드 투자
·규제 샌드박스 적용 ·초기 시장 진입 지원(공공 구매 등) ·현지화 지원 및 마케팅 협력 ·인력 채용 / 교육 지원 ·테스트 베드 제공	**그린필드(신규)** ·부지 확보, 인프라 구축, 초기 운영비 지원 중심 **브라운필드(신규)** ·기존 시설 개선, 인력 재교육, 기술 이전 지원 중심

❖ 투자자 유형별 맞춤 인센티브 구성 요소

■ 인센티브 패키지 활용 성공 사례

사례 1: F지역의 반도체 장비 기업 유치

배경

·글로벌 반도체 장비 기업 G사가 아시아 생산 기지 설립 검토.

· 한국, 싱가포르, 대만 3개국 경쟁.
· F지역은 반도체 클러스터 내 완벽한 생태계 보유했으나 비용 측면에서 불리.

핵심 성공 전략

· 투자자 의사 결정 구조를 분석해 실질적 결정권자(CTO)의 우선순위가 '기술 싱크'임을 파악.
· 표준 인센티브를 넘어 지역 내 반도체 대기업들과의 공동 R&D 프로그램 특별 설계.
· 지역 대학과 연계한 맞춤형 엔지니어 양성 프로그램 신설.
· 장기적 관점의 10년 로드맵을 통한 점진적 확장 비전 제시.

결과

· 3억 달러 초기 투자 확정, 향후 5년간 추가 5억 달러 투자 계획 수립.
· 지역 내 협력사 12개 함께 유치하는 시너지 창출.
· 지역 대학 반도체 특성화 프로그램이 인재 유치의 새로운 허브로 성장.

★ **결정적 포인트** "우리는 마지막 유치단에서 반도체 대기업 부회장과 지역 대학 총장이 함께 참여한 협력 생태계 청사진을 제시했어. 단순한 인센티브를 넘어선 이 '기술 싱크' 비전이 투자 결정의 결정적 요인이었다고 G사 CTO가 나중에 직접 얘기해 주더라고." (F지역 투자 유치 담당 K박사)

사례 2: H지역의 그린 수소 투자 유치

배경
· 유럽 에너지 기업 I사의 아시아 그린 수소 생산 기지 투자 검토.
· 일본, 호주와의 치열한 경쟁 상황.
· ESG 경영을 중시하는 I사의 특성상 100% 재생 에너지 접근성이 핵심 결정 요인.

맞춤형 인센티브 패키지
· 재생 에너지 100% 사용 보장을 위한 특별 전력 구매 계약(PPA) 체결 지원.
· 수소 생산-저장-활용 밸류 체인 구축을 위한 클러스터 조성.
· CO_2 배출량에 따른 세제 혜택 특별 설계.
· 지역 내 대형 수소 수요처(제철소, 화학 공장)와의 장기 공급 계약 중개.

결과
· 5억 달러 규모 그린 수소 생산 시설 유치 성공.
· 지역 내 수소 생태계 구축으로 연관 기업 10개 추가 유치.
· 글로벌 RE100 기업들의 새로운 투자처로 부상.

★ **투자 유치 담당자의 귀띔** "I사는 표준 인센티브보다 '탄소 발자국'에 민감했어. 우리는 지역 발전소, 한전, 산업부와 협력해 재생 에너지 직접 구매 계약(PPA) 특별 체결을 지원했지. 이런 맞춤형 솔루션이 없었다면 절대 유치할 수 없었을 거야." (H지역 그린산업과 L팀장)

■ 성공적인 인센티브 설계를 위한 체크리스트

성공적인 인센티브 설계를 위한 체크리스트	
·투자자 유형 및 특성에 맞는 인센티브를 구성했는가?	☐
·경쟁 지역 대비 차별화된 요소를 포함했는가?	☐
·단계별 투자에 맞춘 인센티브 로드맵이 있는가?	☐
·투자자의 핵심 우려 사항을 해소하는 맞춤형 솔루션이 있는가?	☐
·인센티브 총 가치를 수치화했는가?	☐
·인센티브 적용의 조건과 절차가 명확한가?	☐
·투자자 의사 결정 구조에 맞춘 프레젠테이션을 준비했는가?	☐
·장기적 파트너십을 강화하는 요소를 포함했는가?	☐
·협상 단계별 추가 인센티브 카드를 준비했는가?	☐

★ 현장 전문가 한마디! "성공적 인센티브 설계의 핵심은 '돈'이 아니라 '공감'이야. 투자자가 필요로 하는 것이 무엇인지 깊이 이해하고, 그들의 언어로 솔루션을 제시할 때 진정한 차별화가 이루어져. 때로는 작은 맞춤형 지원이 거대한 재정적 인센티브보다 결정적일 수 있어."(글로벌 투자 유치 컨설팅 J대표)

■ 인센티브 패키지 실무 템플릿

< 투자자 맞춤형 인센티브 제안서 구성 >

1. 핵심 가치 제안(Value Proposition) - 한 문장으로 지역의 핵심 가치 전달.

2. 투자 개요 - 투자자 프로필, 투자 계획, 기대 효과 요약.

3. 인센티브 패키지 개요 - 총 가치와 주요 구성 요소 도식화.

4. 세부 인센티브 항목

·조세 인센티브·재정 지원·입지 지원.

· 인력 지원·인프라 지원·특별 지원.

5. 단계별 인센티브 로드맵 - 투자 단계별 지원 내용.

6. 지원 절차 및 조건 - 적용 요건 및 프로세스.

7. 성공 사례 - 유사 기업의 성공 스토리.

8. 지역 강점 - 투자자 니즈 관점의 지역 장점.

9. 파트너십 비전 - 장기적 협력 비전.

10. 추진 일정 - 투자 결정부터 운영까지 타임라인.

★ **제안서 작성 TIP!** 투자자 언어와 문화에 맞게 제안서를 준비해. 미국 기업에는 간결하고 수치 중심으로, 일본 기업에는 상세한 정보와 안정성 강조, 유럽 기업에는 ESG 요소를 부각시키는 등 문화적 특성을 고려한 접근이 효과적이야.

실무자를 위한 정보
· 산업통상자원부 외국인 투자 포털: www.investkorea.org
· 국내 복귀 기업 지원 센터: www.reshoring.kr
· KOTRA 해외투자유치 종합 포털: www.kotra.or.kr / investkorea
· 외국인 투자 옴부즈만: www.i-ombudsman.or.kr

※출처 및 참고 자료
· 산업통상자원부 (2024), 『외국인 투자 촉진 업무 매뉴얼』
· KOTRA (2025), 『글로벌 인베스트먼트 핸드북』
· 지역경제연구원 (2023), 『외국인 투자 유치 성공 사례집』
· 산업연구원 (2024), 『국내 복귀 기업 실태 조사 및 정책 과제』

제3장
글로벌 투자 유치 전략 완전 정복

❖ 지역 특화 산업 스토리텔링으로 차별화하기

■ 왜 스토리텔링이 필요해?

숫자와 인센티브만으로는 투자자의 마음을 사로잡기 어려워. 감성과 이성을 동시에 자극하는 스토리텔링이 필요한 이유지. 좋은 스토리는 지역의 산업·역사·미래를 하나로 연결해서 투자자에게 '이곳에 투자해야 하는 이유'를 명확하게 전달해 줘.

> **실제 사례: 독일 하노버의 '모빌리티 밸리' 스토리텔링**
> 하노버는 단순히 "자동차 산업이 발달한 도시"가 아닌, "130년 모빌리티 혁신의 역사에서 미래 모빌리티로 진화하는 여정의 중심지"라는 스토리를 개발했어. 폭스바겐의 역사부터 자율주행차 테스트 베드까지 연결한 스토리텔링으로 2022년 중국 전기차 배터리 기업 유치에 성공했지.

■ 효과적인 지역 스토리텔링 5가지 요소

❶ 지역 산업의 역사와 DNA
· 지역 산업의 기원과 발전 과정
· 위기를 극복한 혁신 사례
· 지역만의 장인 정신과 기술 전통

❷ 혁신 생태계와 성공 스토리
· 대표적인 성공 기업 스토리
· 스타트업에서 글로벌 기업으로 성장한 사례
· 산학연 협력으로 이룬 혁신 성과

❸ 미래 비전과 트랜스포메이션
· 기존 산업에서 신산업으로의 진화 과정
· 지역의 미래 청사진과 발전 계획
· 글로벌 트렌드와 연계된 지역의 미래상

❹ 사람과 문화의 경쟁력
· 지역 인재들의 역량과 특성
· 일하는 문화와 노사 관계의 특징
· 혁신을 지원하는 지역 문화적 특성

❺ 글로벌 연계성과 개방성
· 세계와 연결된 지역의 역사
· 다양한 글로벌 기업의 성공 사례
· 외국인 친화적 환경과 국제적 네트워크

■ 산업별 스토리텔링 차별화 전략

산업 유형	핵심 컨셉	예시 소재	실제 사례
첨단 제조업	"정밀함의 예술, 혁신의 장인 정신"	장인 정신과 첨단 기술의 결합, 초정밀 기술의 계보	독일 바덴뷔르템베르크주의 "히든 챔피언" 스토리
바이오·헬스 케어	"생명 과학의 프런티어, 웰빙의 요람"	전통 의학에서 첨단 바이오까지의 진화, 환자 중심 혁신	보스턴의 "머드테크 코리더" 성공 스토리
디지털·ICT	"디지털 혁신의 실험실, 미래의 테스트 베드"	디지털 전환의 선도 사례, 혁신적 스타트업 생태계	이스라엘 텔아비브의 "스타트업 네이션" 스토리
그린 에너지	"자연과 기술의 조화, 지속 가능한 미래의 실현"	자연 환경과 청정 에너지의 조화, 탄소 중립 선도 사례	덴마크 삼쇠섬의 "에너지 자립 섬" 이야기

★ **현장에서 통하는 TIP!** "산업 스토리텔링은 '팩트'보다 '맥락'이 중요해. 단순한 산업 현황 나열이 아니라, 왜 이 산업이 이곳에서 발전했는지, 어떤 특별한 DNA가 있는지를 설득력 있게 전달해야 해. 투자자가 '이 지역에 투자하면 우리 회사도 이런 성공 스토리의 일부가 될 수 있겠구나.'라고 느끼게 만드는 것이 핵심이야."(A지역 투자유치과 L팀장)

❖ 타깃 투자자를 정확히 명중시키는 전략

<투자자 프로파일링>

★ **실무 인사이트!** "투자자를 일반화하지 마. 같은 국가, 같은 산업의 기업이라도 DNA가 완전히 다를 수 있어. '독일 기업은 이렇다.'라는 고정 관념보다 각 기업의 고유한 특성과 의사 결정 구조를 깊이 파악하는 것이 성공의 핵심이야."(KOTRA 투자 유치 자문관 K박사)

❖ 산업별·국가별 타깃팅 전략

주요 투자국별 접근법

미국 투자자 공략법

특징: 신속한 의사 결정, 직접적 소통, 성과 중심.

포인트

· 투자 ROI와 성과 지표 명확하게 제시.

· 첫 미팅에서 핵심만 간결하게 전달.(30분 피칭 원칙)

· 지적 재산권 보호와 비즈니스 자율성 강조.

실패 사례: B지역은 미국 투자자에게 100페이지 PPT로 설명해 흥미 잃게 함.

일본 투자자 공략법

특징: 꼼꼼한 검토, 위험 회피 성향, 장기적 관계 중시.

포인트

· 철저하고 상세한 자료 준비.(질문 예측 및 대비)

· 안정성과 리스크 관리 방안 구체적 제시.

· 여러 단계 의사 결정 프로세스 이해하고 인내.

성공 사례: C지역은 일본 F사 검토 과정에서 18개월간 12차례 미팅을 인내하며 신뢰 구축.

유럽 투자자 공략법

특징: 체계적 분석, ESG 중시, 노사 관계 관심.

포인트

· 환경 및 사회적 책임에 대한 비전 강조.

· 지역 문화와의 조화 및 지속 가능성 제시.

· 노동 환경, 직원 복지 등 구체적 정보 제공.

성공 사례: D 지역은 재생 에너지 100% 사용 산업 단지로 독일 F사 투자 유치.

중국 투자자 공략법

특징: 빠른 의사 결정, 관계 중시, 실용적 접근.

포인트

· 정부 관계와 행정 지원 강조.

· 구체적인 비용 절감 효과 수치화.

· 신속한 대응과 의전에 신경 쓰기.

주의 사항: 한국 진출 성공 중국 기업 사례 구체적 언급.

■ 산업별 타깃팅 접근법

첨단 제조업 투자자		바이오 / 헬스 케어 투자자	
핵심 결정 요인	숙련 인력, 공급망, 기술 보호	핵심 결정 요인	R&D 인프라, 임상 / 허가 환경, 인재
접근 전략	·산업클러스터와 공급망 생태계 강조 ·엔지니어 풀과 숙련 기술자 현황 제시 ·물류 및 원자재 조달 효율성 증명	접근 전략	·연구 중심 병원, 바이오 클러스터 연계성 강조 ·임상 시험 및 인허가 패스트트랙 소개 ·바이오 스타트업 생태계와 협력 기회 제시
중점 인센티브	설비 투자 지원, 고용 보조금, 기술 협력	중점 인센티브	R&D 보조금, 임상 시험, 규제 샌드박스

디지털 ICT 투자자		그린 에너지 투자자	
핵심 결정 요인	기술 인력, 디지털 인프라, 시장 접근성	핵심 결정 요인	재생 에너지 접근성, 안정성, 수요처
접근 전략	·IT 인재 풀과 개발자 생태계 소개 ·데이터센터 5G 등 디지털 인프라 강조 ·테스트 베드 및 실증 사업 기회 제안	접근 전략	·RE100 이행 가능한 에너지 조달 방안 제시 ·장기적 에너지 정책 안정성 설명 ·그린 수소, 배터리 등 연관 산업 연계성 강조
중점 인센티브	데이터 활용 규제 완화, 스타트업 협력 프로그램	중점 인센티브	에너지 비용 지원, 탄소 저감 인센티브

> **성공 사례 | E지역의 데이터 센터 유치 전략**
>
> E지역은 글로벌 클라우드 기업 데이터 센터 유치를 위해 일반적인 투자 유치 접근법 대신 '그린 데이터 센터 특화 전략'을 개발했어. 재생 에너지 직접 구매 계약(PPA), 폐열 활용 지역 난방 연계, 특수 목적 냉각수 공급 등 데이터 센터 특화 인프라를 구축했지. 또한 지역 소프트웨어 전문대학과 연계한 운영 인력 양성 프로그램을 선제적으로 준비했어. 이런 산업 맞춤형 접근으로 글로벌 Top3 클라우드 기업의 10억 달러 투자를 유치했지.

■ 투자자 발굴 및 접촉 실전 가이드

투자자 발굴 채널 총정리

이 앱들을 활용하면 잠재 투자자를 효과적으로 발굴하고 접촉할 수 있어!

공식 네트워크 활용

- **KOTRA 해외 네트워크**: 84개국 127개 해외 무역관 투자 유치 담당관 활용.
- **대한상공회의소 / 무역협회**: 해외 지부 및 회원사 네트워크 활용.
- **주한 외국상공회의소**: AMCHAM, ECCK, KGCCI 등 정기 네트워킹 참가.
- **산업부 / 외교부 채널**: 경제 외교 및 통상 채널 활용.

산업별 전문 채널

- **글로벌 전시회 / 컨퍼런스**: CES, Bio USA, IAA, MWC 등 산업별 주요 행사.
- **투자 컨퍼런스**: 골드만삭스, 모건스탠리 등의 투자 컨퍼런스 참가.
- **산업별 협회 / 단체**: 글로벌 산업별 협회 회원사 접근.
- **전문 미디어**: 산업별 전문 매체와의 협력을 통한 홍보.

디지털 채널

- **링크드인(LinkedIn)**: 타깃 기업 의사 결정자 매핑 및 접촉.
- **투자 플랫폼**: FDI Markets, Investment Monitor 등 활용.
- **웨비나 / 버추얼 IR**: 온라인 투자 설명회 및 화상 상담회 활용.
- **소셜미디어 타깃팅**: 페이스북, 트위터 등 타깃 광고 활용.

기존 네트워크 연계

· **이미 진출한 외투 기업:** 본국 / 그룹사 / 협력사 연계 접촉.

· **국내 기업 해외 네트워크:** 국내 대기업 해외 파트너사 접촉.

· **금융 기관 / 컨설팅:** 딜로이트, EY, KPMG 등의 FDI 자문 네트워크.

· **지역 출신 해외 인재:** 해외 주재 지역 출신 인사 네트워크 활용.

투자 유치 담당자 필수앱

· **LinkedIn Sales Navigator:** 타깃 기업 의사 결정자 파악 및 접촉.

· **FDI Markets:** 글로벌 그린필드 투자 동향 및 기업 정보.

· **Crunchbase:** 스타트업 및 벤처 투자 정보.

· **KOTRA 해외 시장 뉴스:** 국가별 산업별 최신 동향.

> **실전 사례: G지역의 H기업 유치 과정**
> G지역 투자 유치 담당자는 타깃 H기업 본사 투자 결정권자를 파악하기 위해 LinkedIn으로 전 / 현직 임원들을 매핑했어. 그중 한국계 임원을 발견하고 개인화된 메시지로 접촉에 성공했지. 첫 화상 미팅 후, 투자자 관심사(인재 확보, 대기업 공급망 진입)에 맞춘 맞춤형 정보를 2주 간격으로 전달했어. 3개월간의 신뢰 구축 끝에 한국 방문 일정을 확보했고, 철저한 현장 투어 준비로 최종 투자 결정을 이끌어 냈지. 이 과정에서 핵심은 '정보의 질'과 '반응 속도'였다고 해.

■ 첫 접촉부터 미팅까지의 단계별 전략

❶ 초기접속 - 관심 끌기

이메일 접근법
· 제목은 짧고 구체적으로
 (ex "한국 전기차 배터리 생산 기지 제안 - KOTRA 연계")
· 3단락 원칙(소개 - 가치 제안 - 다음 단계)
· 첨부 파일 최소화, 1페이지 개요 위주

소개/추천 활용
· 이미 관계된 기업/인물을 통한 소개
· KOTRA 대사관 등 공신력 있는 기관 활용

링크드인 접근법
· 공통 연결 고리 활용한 접촉
· 관련 포스트에 먼저 의미있는 댓글 남기기
· 개인화된 연결 메시지(300자 내외)

❷ 관심 유지 - 관계 구축

정보 제공 전략
· 투자자에게 가치 있는 산업 인사이트 제공
· 맞춤형 간략 보고서(2-3페이지) 공유
· 업계 뉴스, 정책 변화 등 시의성 있는 정보 전달

지속적 소통
· 2주 간격 원칙(너무 잦거나 뜸한 연락 피하기)
· 짧지만 정기적인 업데이트 메일
· 관련 행사/뉴스를 계기로 한 자연스러운 소통

❸ 미팅 성사 - 직접 만남

미팅 제안 시점
· 최초 2~3회 긍정적 소통 이후
· 투자자의 구체적 질문이나 관심 표현 시
· 한국 방문이나 관련 행사 계기 활용

미팅 진행 전략
· 모노톤 발표 지양, 대화형 미팅 지향
· 투자자 발언 60% 발표자 40% 비율 유지
· 구체적인 다음 단계 제안으로 마무리

❹ 미팅 준비 및 실행

사전 준비
· 투자자 관심사에 맞춘 발표 자료(15~20p)
· 핵심 의사 결정자에 맞춘 정보 깊이 조절
· 예상 질문 리스트 작성 및 답변 준비

미팅 진행 전략
· 모노톤 발표 지양, 대화형 미팅 지향
· 투자자 발언 60%, 발표자 40% 비율 유지
· 구체적인 다음 단계 제안으로 마무리

❖ INSC 활용으로 기업 DNA 분석하기

- INSC 시스템 개요와 접근법

외국인 투자 통계 시스템(INSC: INvestment Statistics Center)은 글로벌 기업의 투자 패턴과 DNA를 분석할 수 있는 강력한 도구야. 산업통상자원부와 KOTRA가 운영하는 이 시스템을 잘 활용하면 타깃 기업의 투자 성향과 특성을 과학적으로 분석할 수 있어.

- INSC 데이터베이스 주요 특징

· 투자 기록 빅데이터: 1962년 이후 한국에 대한 모든 외국인 투자 기록 보유.
· 기업별 투자 패턴: 기업별 / 산업별 / 국가별 투자 행태 및 트렌드 분석 가능.
· 지역 선호도 추적: 기업 / 산업별 선호 지역 및 입지 조건 패턴 확인.
· 시계열 분석 지원: 시기별 투자 변화 및 장기 추세 분석 기능.

■ INSC 데이터 분석 실전 가이드

투자자 프로파일링을 위한 데이터 추출법

1. 기업별 투자 이력 분석

접근 경로: INSC 시스템 → 외투 기업 검색 → 기업별 검색.

핵심 조회 항목

·최초 / 최근 투자 시기 및 규모.

·투자 단계별 패턴.(초기-확장-증액)

·투자 목적 분류.(시장 진출형 / 수출 기지형 / 자원 개발형)

·한국 내 법인 구조 및 변화.

2. 산업군별 투자 패턴 분석

접근 경로: INSC 시스템 → 통계분석 → 산업별 분석.

핵심 조회 항목

·동종 산업 주요 투자국 및 기업.

·산업별 선호 지역 및 입지 패턴.

·투자 금액 구간별 분포 및 특성.

·산업별 투자 트렌드 및 주기성.

3. 국가별 투자 성향 비교

접근 경로: INSC 시스템 → 통계분석 → 국가별 분석.

핵심 조회 항목

·국가별 주요 투자 산업 및 지역.

·투자 의사 결정 패턴 및 속도.

·그린필드 / M&A 선호도 비교.

·국가별 투자 철회 / 확장 패턴.

> **데이터 분석 핵심 사례: A지역의 일본 기업 타깃팅**
> A지역은 INSC 시스템을 활용해 일본 자동차 부품 기업들의 투자 패턴을 분석했어. 최근 5년간 데이터 분석 결과, 일본 기업들이 2차 / 3차 협력사를 동반 진출시키는 '클러스터형 투자' 패턴을 보인다는 점을 발견했지. 이에 따라 개별 기업 접촉보다 '생태계 패키지 제안' 전략을 수립해 5개 연관 기업 동시 유치에 성공했어.

★ **실무자 인사이트!** "INSC 데이터만으로는 부족할 수 있어. 산업 연구원 해외 투자 DB, FDI Markets(글로벌 그린필드 투자 DB) 등과 교차 분석하면 더 정확한 인사이트를 얻을 수 있어. 특히 철회 / 철수 사례는 INSC에서 확인하기 어려우니 언론 보도나 KOTRA 네트워크를 통해 보완해야 해."(KOTRA 투자컨설팅팀 K팀장)

❖ 기업 DNA 해독을 위한 INSC+ 심층 분석

INSC 데이터를 기반으로 하되, 추가 정보를 결합한 'INSC+' 분석법으로 기업의 DNA를 더 정확히 해독할 수 있어.

투자 동기 유형별 분석법

시장 진출형 투자자(Market-seeking)

INSC 핵심 지표: 수출입 비중, 국내 매출 비중, 관계사 현황.

추가 분석 포인트

- ·본국-한국 시장 규모 비교 및 성장성.
- ·국내 주요 고객사 및 관계.

·유통 / 서비스 네트워크 구축 패턴.

성공 사례: E지역은 중국 소비재 기업의 '내수 시장 진입형' 투자 패턴을 파악해 한국-중국 소비자 테스트 마켓 개념의 특별 지구 조성으로 유치 성공.

효율성 추구형 투자자(Efficiency-seeking)

INSC 핵심 지표: 수출 비중, 원가 구조, 고용 / 매출 비율.

추가 분석 포인트

·글로벌 생산 기지 이전 패턴.

·노동 집약도 및 자동화 수준.

·물류 / 통관 효율성 중시도.

성공 사례: F지역은 베트남 이전 추세에 있던 일본 전자 부품 기업들의 '고부가 공정 분리' 패턴을 발견하고 스마트 팩토리 특화 단지로 고부가 공정만 유치 성공.

전략 자산 추구형 투자자(Strategic asset-seeking)

INSC 핵심 지표: R&D 비중, 특허 출원, 인수 합병(M&A) 이력.

추가 분석 포인트

·국내 연구 개발 인력 채용 패턴.

·산학 협력 및 오픈 이노베이션 활동.

·기술 분야별 인수 합병(M&A) 관심도.

성공 사례: G지역은 미국 바이오 기업들의 '연구 인력 확보형' 투자 패턴을 분

석해 대학-병원-기업 연계 '글로벌 인재 유치 프로그램'으로 R&D 센터 유치.

> **타깃 선정 성공 사례: M지역의 바이오 투자 유치**
> M지역은 INSC 데이터 분석 기반으로 의약품 CMO(위탁 생산) 분야 최적 타깃 기업을 선정했어. 분석 결과, 미국보다 유럽 기업들이 아시아 CMO 투자에 더 적극적이며, 특히 스위스 / 독일 기업들의 한국 선호도가 높다는 패턴을 발견했지. 10개 최종 타깃 기업을 선정해 집중 공략한 결과, 2개 기업의 투자 유치에 성공하며 300개 이상의 일자리를 창출했어.

■ INSC 활용을 위한 실무자 체크 리스트

INSC 활용을 위한 실무자 체크리스트	
·INSC 접속 권한 및 데이터 다운로드 권한 확보	☐
·타깃 산업 주요 기업 5년간 투자 패턴 분석 완료	☐
·동종 업계 투자자 지역 선호도 맵 작성	☐
·경쟁국 대비 한국 투자 특성 비교 분석	☐
·국가별 / 기업별 투자 결정 주기 및 패턴 파악	☐
·투자 – 철수 요인 상관 관계 분석	☐
·타깃 기업 투자 생애 주기 위치 파악	☐
·투자자 유형별(시장 / 효율성 / 전략 자산) 분류 완료	☐
·우선 순위 매트릭스 작성 및 핵심 타깃 선정	☐
·기업별 맞춤형 접근 전략 및 제안서 준비	☐

★ **INSC 활용 담당자 인사이트!** "INSC 데이터 분석의 핵심은 '패턴 인식'이야. 단순히 숫자를 보는 것이 아니라, 시간, 산업, 국가 등 다양한 차원에서 나타나는 투자 패턴을 발견하는 거지. 예를 들어, 우리는 데이터 분석을 통해 '일본 기업들이 제3국 진출 후 2~3년 이내에 한국 추가 진출을 검토하는 패턴'을 발견하고, 베트남 진출 일본 기업들을 선제적으로 타깃팅 해 성공한 사례가 있어. 데이터는 거짓말을 하지 않아. 하지만 그 패턴을 읽어 내는 건 투자 유치 담당자의 통찰력이야."(KOTRA 투자정보팀 N팀장)

❖ 실패 없는 투자 유치 마케팅 실전 전략

투자 유치 마케팅 기본 프레임 워크
투자 유치 마케팅은 일반 제품 / 서비스 마케팅과는 다른 접근이 필요해. 효과적인 투자 유치 마케팅은 지역의 강점을 투자자 니즈에 맞게 포지셔닝 하고 차별화된 가치 제안을 전달하는 과정이지.

■ **디지털 투자 유치 마케팅 전략**
디지털 채널을 활용한 투자 유치 마케팅은 이제 필수야. 효율적인 타깃팅과 글로벌 도달, 데이터 기반 접근이 가능하지.

① **LinkedIn 활용 전략**
타깃 설정: 산업, 직책, 기업규모, 지역 기반 타깃팅.
콘텐츠 전략: 산업 인사이트, 성공 사례, 투자 환경 업데이트.
실행 팁
- Sales Navigator를 활용한 의사 결정자 타깃팅.
- 지역 성공 스토리를 정기적으로 포스팅.
- 관련 그룹 활동 및 댓글 참여로 노출 확대.

성공 사례: K지역은 LinkedIn 타깃 캠페인으로 50개 잠재 투자 기업 발굴.

② 투자 유치 특화 웹사이트 전략

핵심 요소: 모바일 최적화, 다국어 지원, 인터랙티브 콘텐츠.

필수 콘텐츠

- 인터랙티브 산업 단지 / 클러스터 맵.
- 인센티브 시뮬레이션 계산기.
- 성공 투자 기업 인터뷰 영상.
- 실시간 상담 기능.

성공 사례: 경남투자청 - 원스톱 투자 유치 플랫폼, 산업 단지 플랫폼, 챗봇.

③ 디지털 PR 및 콘텐츠 마케팅

핵심 채널: 산업 전문 매체, 국제 비즈니스 미디어, 투자 플랫폼.

콘텐츠 형식

- 데이터 기반 인포그래픽.
- 투자자 인터뷰 및 성공 사례.
- 산업 트렌드 분석 리포트.
- 비교 분석 화이트 페이퍼.

성공 사례: M지역은 글로벌 비즈니스 미디어와 협력한 네이티브 콘텐츠로 인지도 300% 증가.

④ 버추얼 투자 설명회 및 웨비나

효과적 운영법

- 짧고 집중적인 세션 구성.(최대 60분)
- 실제 투자 기업 증언 포함.
- 인터랙티브 Q&A 및 설문 활용.
- 후속 자료 및 1:1 미팅 연계.

성공 사례: N지역은 산업별 테마 웨비나 시리즈로 연간 200개 이상의 잠재 투자자 발굴.

★ **디지털 마케팅 실전 팁!** "투자 유치 디지털 마케팅에서 가장 중요한 건 '정보의 계층화'야. 모든 정보를 한 번에 제공하기보다 투자자의 관심 단계에 맞춰 정보를 점진적으로 제공해야 해. 첫 접촉에선 차별화된 가치 제안과 핵심 강점만 간결하게, 관심 표현 후에는 구체적인 데이터와 맞춤형 정보를 제공하는 방식으로 단계별 접근이 효과적이야."(디지털 투자 유치 전문가 P컨설턴트)

■ 투자 유치 홍보물 제작 노하우

효과적인 투자 유치 홍보물은 단순한 정보 전달을 넘어 투자자의 의사 결정을 촉진하는 전략적 도구야. 각 유형별 제작 노하우를 알아보자.

투자 제안서(Investment Proposal) 작성법

핵심 구성 요소

1. Executive Summary: 핵심 가치 제안 1페이지 요약.
2. 지역 개요: 차별화된 강점과 투자 환경.
3. 타깃 산업 심층 분석: 생태계, 성장성, 성공 사례.

4. **인센티브 패키지:** 맞춤형 지원 내용.

5. **투자 프로세스:** 단계별 지원 및 타임라인.

6. **성공 스토리:** 유사 기업 사례와 증언.

7. **실행 지원팀:** 담당자 소개 및 원스톱 지원 체계.

차별화 포인트

·투자자 기업명 / 로고를 문서에 적용한 개인화.(표지, 헤더 등)

·산업별 / 국가별 맞춤형 버전 구분.(디자인, 강조점 차별화)

·시각적 데이터 스토리텔링.(인포그래픽, 다이어그램 활용)

·모바일 최적화 디지털 버전과 프린트 버전 동시 준비.

※ 투자 유치 영상 제작 가이드

영상 유형별 전략

·오버뷰 영상(2 ~ 3분): 지역 강점과 비전의 시각적 스토리텔링.

·산업별 영상(3 ~ 5분): 특화 산업 생태계와 성공 사례 중심.

·인터뷰 시리즈(1 ~ 2분): 투자 기업 CEO, 연구자, 지원 기관 목소리.

·인프라 투어(3 ~ 4분): 산업 단지, 연구 시설 등 가상 현장 투어.

제작 포인트

·첫 15초 내 핵심 메시지 전달 / 자막 필수.

제4장
전문성으로 투자자를 사로잡아라

❖ **글로벌 비즈니스 매너와 협상 전략**

■ **국가별 비즈니스 문화 핵심 가이드**

해외 투자자를 상대할 땐 국가별 비즈니스 문화와 에티켓을 이해하는 것이 성패를 좌우해. 문화적 차이를 존중하고 적절히 대응하면 신뢰 관계 구축에 큰 도움이 될 거야!

■ 주요 투자국별 비즈니스 문화 비교

비교 항목	미국식 비즈니스 문화	일본식 비즈니스 문화	유럽식 비즈니스 문화 (독일/프랑스)	중국식 비즈니스 문화
관계 형성	·비즈니스 중심 ·빠른 본론 진입 ·개인 성과 중시	·신뢰 구축 우선 ·장기적 관계중시 ·집단 의사 결정	·전문성과 신뢰 중시 ·형식과 내용 균형	·관시 중심 ·인적 네트워크 중요 ·체면 문화
의사소통 스타일	·직접적이고 명확한 소통 ·간결한 프레젠테이션	·간접적 소통 ·공식 자리와 비공식 자리 구분	·사실 기반 논리적 소통 ·직급보다 전문성 존중	·간접적 표현 ·비언어적 소통 중요 ·암묵적 이해
의사 결정 패턴	·신속한 결정 ·위계보다 역할 중심 ·실용주의적 접근	·합의 중시 ·다단계 검토 ·신중한 접근	·체계적 분석 ·철저한 실사 ·중장기적 관점	·하향식 결정 ·핵심 인물 영향력 큼 ·우연한 접근
시간 개념	·정확한 시간 엄수 ·효율적 미팅 진행 ·빠른 후속 조치	·철저한 준비 ·여유 있는 일정 ·긴 검토 기간	·계획 중시 ·약속 엄수 ·충분한 검토 시간 필요	·관계 구축에 충분한 시간 투자 ·장기적 시야
협상 스타일	·윈·윈 추구 ·데이터 기반 설득 ·법적 계약 중시	·관계 중심 ·세부 사항 꼼꼼히 검토 ·장기적 이익 고려	·상호 이익 추구 ·원칙 중심 ·장기적 파트너십 지향	·입장 변화 잦음 ·마지막 순간 양보 기대 ·인간 관계 중시
실수하지 말아야 할 것	·장황한 설명 ·모호한 답변 ·과도한 의전 기대	·급한 결정 요구 ·위계 질서 무시 ·명함 부적절 취급	·과장된 표현 ·불충분한 사전 준비 ·환경/사회적 가치 경시	·공개적 비판 ·체면 손상 ·급한 결론 도출

★ 투자 유치 담당자 필수 에티켓

·명함 교환: 양손으로 주고받기, 받은 즉시 확인하고 정중히 취급.

·선물 문화: 국가별 적절한 선물 이해하기.

(일본 – 개인 용품 피하기, 중국 – 시계 / 우산 피하기)

· 식사 자리: 현지 식사 예절 숙지.(젓가락 사용법, 건배 문화, 착석 위치 등)

· 의전 순서: 직급 / 연령에 따른 적절한 대우.(소개 순서, 착석 배치 등)

· 언어 사용: 가능한 상대방 모국어 인사말 준비, 통역 활용 시 짧게 끊어 말하기.

■ 문화적 차이를 극복하는 커뮤니케이션 전략

1) 효과적인 이문화 소통법

· 적극적 경청: 내용뿐 아니라 맥락과 뉘앙스에 주의 기울이기.

· 명확한 확인: "제가 이해한 것이 맞는지 확인하겠습니다."로 오해 방지.

· 유연한 조정: 상대방 소통 스타일에 맞춰 자신의 접근법 조정.

· 인내심 발휘: 즉각적 결론보다 관계 구축에 시간 투자.

· 비언어적 소통: 자세, 눈 맞춤, 표정 등의 적절한 활용과 해석.

2) 문화적 충돌 대응 전략

3단계 접근법(인지-적응-통합) 활용.

문화적 차이를 문제가 아닌 기회로 인식.

상대방 문화에 대한 사전 학습으로 존중 표현.

중립적 공통 기반 찾기.(데이터, 공유 가치 등)

유머 사용 시 문화적 민감성 고려.

> **실전 사례: A지역의 일본 투자자 대응 전략**
> A지역 투자 유치팀은 일본 기업 유치 과정에서 일본식 의사 결정 방식('Nemawashi' 'Ringi')을 존중해 별도 전략을 수립했어.
> ① 공식 미팅 전 주요 의사 결정자들과 비공식 접촉 늘리기
> ② 상세한 문서 자료 사전 제공
> ③ 의사 결정 단계별 충분한 시간 부여
> ④ 현장 방문 시 경영진뿐 아니라 실무진 대상 세심한 준비
> 이런 문화적 이해를 바탕으로 한 접근이 투자 결정에 결정적 역할을 했다고 일본 기업 담당자가 나중에 밝혔어.

■ 협상 테이블에서 승리하는 핵심 기술

투자 유치 협상은 단순한 조건 협의가 아닌 장기적 파트너십 구축의 출발점이야. 양측 모두 만족하는 윈-윈 결과를 도출하기 위한 전략적 접근이 필요해.

■ 투자 유치 협상의 5단계 프로세스

1. 사전 준비 단계

핵심 활동: 철저한 정보 수집, 시나리오 분석, 협상 전략 수립.

준비 사항
- 투자자 의사 결정 구조 및 핵심 인물 파악.
- BATNA(Best Alternative To a Negotiated Agreement) 설정.
- 양측의 핵심 이해관계와 우선순위 분석.
- 예상 질문 및 반론에 대한 대응 준비.

실전 팁: 투자자의 이전 협상 사례와 패턴 연구하기.

2. 초기 접촉 단계

핵심 활동: 관계 구축, 의제 설정, 협상 방식 합의.

접근 전략

- 긍정적 첫인상 형성.(환영 분위기, 세심한 준비)
- 상호 이익 강조를 통한 협력적 분위기 조성.
- 협상 일정, 참석자, 의제 등 프레임 합의.

실전 팁: 공식 협상 전 비공식 만남으로 신뢰 구축하기.

3. 정보 교환 단계

핵심 활동: 상호 니즈 탐색, 핵심 쟁점 파악, 공통 기반 확인.

효과적 접근법

- 오픈 질문으로 투자자 우선순위 파악.
- 적극적 경청을 통한 숨은 니즈 발굴.
- 상호 이익이 되는 영역 집중 부각.

실전 팁: "왜"보다 "어떻게" 질문으로 건설적 대화 유도.

4. 제안 및 조정 단계

핵심 활동: 구체적 제안, 이견 조정, 대안 창출.

협상 전략

- 양보와 요구의 균형 유지.
- 패키지 딜 접근법으로 여러 요소 동시 협상.
- "만약…… 라면" 가정법으로 유연한 대안 탐색.

실전 팁: 핵심 요소는 지키되 부수적 사항에서 유연성 보이기.

5. 합의 및 이행 단계

핵심 활동: 최종 합의 도출, 문서화, 실행 계획 수립.

마무리 전략

- 모든 합의 사항 명확히 정리 및 확인.
- 구체적 이행 일정과 담당자 지정.
- 지속적 관계 강화를 위한 후속 계획 수립.

실전 팁: 합의 직후 축하 행사로 긍정적 관계 강화하기.

투자 유치 협상의 5단계 프로세스

1단계 사전 준비	2단계 초기 접촉	3단계 정보 교환	4단계 제안 및 조정	5단계 합의 및 이행
·정보 수집 ·시나리오 분석 ·협상 전략 수립 ·BATNA 설정	·관계 구축 ·의제 설정 ·협상 방식 합의 ·신뢰 형성	·상호 니즈 탐색 ·핵심 쟁점 파악 ·공통 기반 확인 ·우선순위 설정	·구체적 제안 ·이견 조정 ·대안 창출 ·타협점 도출	·최종 합의 도출 ·문서화 ·실행 계획 수립 ·이행 일정 확정

■ 투자 유치 협상에서 피해야 할 5가지 실수

1. 과도한 약속

·위험성: 실행 불가능한 약속은 신뢰 상실로 이어짐.

·대안: 보수적 약속과 초과 달성으로 신뢰 구축.

·사례: B지역은 전력 공급 약속을 지키지 못해 반도체 투자 철회 초래.

2. 일방적 혜택 강조

·위험성: 투자자 니즈 무시한 지역 중심 접근은 공감대 형성 실패.

·대안: 투자자 관점에서 상호 이익 강조.

·사례: C지역은 '우리 지역의 일자리가 필요하다.'는 접근으로 투자자 외면.

3. 협상 권한 불명확

·위험성: 결정권 없는 협상자는 불필요한 지연과 불신 초래.

·대안: 명확한 권한 범위 설정, 필요 시 의사 결정권자 참여.

·사례: D지역은 담당자 권한 부족으로 결정적 순간 기회 상실.

4. 문화적 무감각

·위험성: 상대방 문화 무시는 관계 손상의 지름길.

·대안: 문화적 차이에 대한 사전 학습과 존중.

·사례: E지역은 중동 투자자에게 돼지고기 식사를 제안해 관계 악화.

5. 경쟁 지역 비하

· 위험성: 타 지역 폄하는 전문성 부족으로 인식됨.

· 대안: 자기 지역 강점에 집중, 객관적 차별점 제시.

· 사례: F지역은 경쟁 지역 비판에 집중해 투자자 신뢰 잃음.

★ **협상 전문가의 조언** "투자 유치 협상의 핵심은 '단기 거래'가 아닌 '장기 파트너십'의 시작임을 인식하는 것이야. 협상 테이블에서 마지막 한 방울까지 짜내기보다는, 투자 후 성공적인 운영과 성장을 위한 기반을 함께 구축한다는 마인드가 중요해. 특히 상대방 문화에 맞는 '침묵의 활용'이 결정적일 수 있어. 미국 투자자와는 침묵이 압박 수단이 될 수 있지만, 일본이나 북유럽 투자자와는 숙고의 시간으로 존중받을 수 있거든."(글로벌 투자 유치 협상 전문가 K자문 위원)

❖ 한 번에 통과되는 투자 제안서 작성 비법

■ 투자자의 마음을 사로잡는 제안서 구조

투자 제안서는 단순한 정보를 전달하는 문서가 아닌 투자자 마음을 움직이는 설득의 도구야. 효과적인 구조와 내용 구성으로 임팩트 있는 제안서를 만들어 보자.

■ 제안서 구성의 황금 비율

1. 임팩트 있는 도입부(10%)

강력한 가치 제안 한 문장으로 시작, 투자자 도전 / 기회에 공감 표현.

핵심 차별점 3가지 요약 , 투자자 기업명 직접 언급, 수치 활용.

2. 투자자 중심 컨텍스트 설정(15%)

투자자의 현재 상황 / 도전 과제 분석, 산업 트렌드와 기회 연결.

투자자 관점에서 서술, 객관적 자료 인용.

3. 지역 가치 제안 구체화(25%)

지역 핵심 경쟁 우위 3 ~ 5가지 제시, 투자자 니즈와 지역 강점 연결.

데이터와 시각 자료로 주장 뒷받침.

4. 맞춤형 투자 패키지 제안(30%)

최적 입지 옵션 비교, 맞춤형 인센티브 패키지 제시.

단계별 투자 시나리오와 ROI 분석.

5. 실행 계획과 지원 체계(15%)

투자 실행 로드맵과 타임라인, 원스톱 지원 체계와 담당자.

리스크 관리 및 대응 방안.

6. 강력한 마무리와 다음 단계(5%)

핵심 가치 제안 재강조, 구체적 다음 단계와 일정 제안.

행동 유도 마무리.(Call to Action)

실무자 Tip! "투자 제안서는 일반 보고서가 아니라 '스토리텔링'이야. 투자자를 주인공으로 한 여정을 그려 주는 거지. '도전 → 기회 → 해결책 → 성공'이라는 구조로 투자자가 지역에 투자함으로써 얻게 될 성공 스토리를 그려 주는 게 핵심이야."(G지역 투자유치 담당 P팀장)

■ 제안서를 차별화하는 데이터 시각화 기법

숫자와 데이터는 투자 제안서의 신뢰도를 높이는 핵심이지만, 단순 나열은 오히려 역효과를 낼 수 있어. 데이터를 임팩트 있게 시각화하는 방법을 알아보자.

■ 데이터 유형별 최적 시각화 방법

1) 비교 데이터 시각화

최적 차트: 막대그래프, 레이더 차트, 병렬 비교표.

활용 사례

- ·경쟁 지역 대비 비용 우위.
- ·산업별 성장률 비교.
- ·인센티브 패키지 구성 요소 비교.

2) 추세 데이터 시각화

최적 차트: 선 그래프, 영역 차트, 타임라인.

활용 사례

- ·산업 성장 추세.

· 인력 / 인프라 확충 계획.

· 투자 회수 시나리오.

3) 구성비 데이터 시각화

최적 차트: 파이 차트, 트리 맵, 누적 막대그래프.

활용 사례

· 산업 생태계 구성.

· 인력 구성 및 전공별 분포.

· 지원 패키지 구성 비율.

4) 관계 데이터 시각화

최적 차트: 네트워크 다이어그램, 매트릭스, 벤 다이어그램.

활용 사례

· 산업 클러스터 연계도.

· 공급망 네트워크.

· 협력 기관 관계도.

■ 데이터 시각화 고급 기법

1) 스토리텔링 인포그래픽

· 여러 데이터를 하나의 스토리로 연결한 종합 시각화.

· 투자 여정 또는 성공 시나리오를 시각화.
· 복잡한 생태계 / 프로세스를 직관적으로 표현.

2) 비교 강조 기법

· 벤치마킹 결과를 효과적으로 보여 주는 비주얼.
· '이전 / 이후' 대비를 통한 변화 강조.
· 기대 효과를 시각적으로 임팩트 있게 표현.

3) 맞춤형 지도 활용

· 위치 이점을 강조하는 커스텀 지도.
· 접근성 / 도달 범위를 시각화한 등거리 지도.
· 산업 클러스터 / 인프라를 포함한 테마 지도.

> **데이터 시각화 성공 사례**
> H지역은 바이오 제약 기업 유치를 위해 일반적인 산업 단지 지도 대신, 시간 기준 접근성 지도(Time-based Accessibility Map)를 개발했어. 주요 연구 병원, 대학, 협력사, 물류 거점까지의 '시간 거리'를 원형 등고선으로 표시해 직관적으로 보여 줬지. 이 시각화가 투자자들에게 큰 호응을 얻어 경쟁 지역과의 차별화에 성공했어. 특히 "30분 생태계"라는 컨셉으로 모든 핵심 파트너가 30분 내 위치함을 강조한 것이 결정적이었다고 해.

■ 제안서 작성 체크 리스트

제안서 작성 체크 리스트
·투자자 관점에서 작성되었는가?(투자자 = 주인공) ☐
·핵심 가치 제안이 첫 페이지에 명확히 제시되었는가? ☐
·투자자 특성(국가 / 산업 / 기업 문화)에 맞게 커스터마이징 되었는가? ☐
·주장을 뒷받침하는 구체적 데이터와 증거가 포함되었는가? ☐
·차별화 포인트가 경쟁 지역과 비교하여 명확히 제시되었는가? ☐
·투자자 질문 / 우려에 대한 선제적 답변이 포함되었는가? ☐
·비주얼과 텍스트의 균형이 적절한가?(60:40 비율 권장) ☐
·핵심 메시지가 일관되게 유지되고, 전문 용어와 약어 사용이 최소화되었는가? ☐
·모바일 기기에서도 가독성이 확보되었으며, 인쇄본과 디지털 버전 모두 최적화되었는가? ☐

투자 제안서 작성 성공 사례

I지역은 독일 자동차 부품 기업 유치를 위해 일반적인 투자 제안서 대신 '시나리오 기반 투자 스토리북'을 제작했어. 투자자 기업을 주인공으로 한 3년간의 가상 투자 여정을 스토리텔링 방식으로 구성했지. 각 장마다 실제 성공 기업 인터뷰, 맞춤형 데이터 비주얼, 예상 질문과 답변을 포함했어. 특히 투자자 기업의 실제 로고와 제품 이미지를 활용해 현실감을 높인 것이 주효했다고 해. 이 접근법으로 경쟁 지역 4곳을 제치고 최종 투자 유치에 성공했어.

❖ 협상 테이블에서 우위를 선점하는 기술

■ 투자자 심리를 꿰뚫는 협상 전략

투자 협상은 단순한 조건 교환이 아닌 심리적 게임이기도 해. 투자자 심리를 이해하고 효과적으로 대응하는 전략을 알아보자.

■ 투자자 심리 유형별 대응법

1) 안전 추구형 투자자

특징: 리스크 회피적, 검증된 사례 중시, 세부 사항 꼼꼼히 확인.

심리적 니즈: 안정감, 확실성, 리스크 최소화.

효과적 접근법

- 성공 사례와 레퍼런스 충분히 제공.
- 리스크 요소와 대응 방안 선제적 제시.
- 단계적 투자 옵션으로 초기 부담 경감.
- 보증 / 보장 요소 강조.

협상 팁: 투명하고 상세한 정보 제공으로 신뢰 구축.

2) 기회 추구형 투자자

특징: 성장 지향적, 신속한 결정, 비전 / 가능성 중시.

심리적 니즈: 성장 기회, 경쟁 우위, 선점 효과.

효과적 접근법

- 미래 성장성과 기회에 초점.
- 경쟁사 대비 선점 효과 강조.
- 시장 성장 시나리오와 잠재력 시각화.
- 신속한 의사 결정 지원 체계.

협상 팁: 결정의 시급성과 기회 비용 적절히 강조.

3) 관계 중시형 투자자

특징: 장기적 파트너십 중시, 문화적 조화 중요시, 신뢰 기반 결정.

심리적 니즈: 신뢰 관계, 문화적 적합성, 장기적 안정.

효과적 접근법

- 신뢰 구축에 충분한 시간 투자.
- 양측 문화 / 가치 적합성 강조.
- 장기적 파트너십 비전 제시.
- 인간적 교류와 관계 형성 기회 마련.

협상 팁: 비공식적 만남과 관계 구축에 충분한 시간 할애.

4) 가치 실현형 투자자

특징: 전략적 목표 중시, ROI외 다양한 가치 추구, ESG 고려.

심리적 니즈: 전략적 적합성, 사회적 가치, 기업 이미지.

효과적 접근법

- 투자자 기업의 전략 / 미션과 연계.
- ESG 요소와 사회적 영향 강조.
- 혁신 / 기술 / 인재 접근성 부각.
- 브랜드 가치 향상 요소 제시.

협상 팁: 경제적 가치와 전략적 / 사회적 가치 균형 있게 제시.

> **심리 대응 성공 사례**
> J지역은 일본 전자 부품 기업 유치 과정에서 해당 기업이 '안전 추구형'임을 파악한 후 전략을 수정했어. 처음에는 성장 기회를 강조했지만, 효과가 없었고 이후 '리스크 경감 패키지'를 개발하여 ① 초기 5년 임대료 단계적 증가, ② 인력 채용 실패 시 대체 인력 제공 보증, ③ 물류 차질 시 대안 경로 확보 등을 제안했지. 이러한 안전 장치가 투자 결정에 결정적 역할을 했다고 해.

■ 협상 단계별 심리적 우위 전략

1. 첫인상 주도권 확보

핵심 전략: 프레이밍 효과 활용.

실행 방법
- 첫 대면에서 논의 프레임 선제적 설정.
- 환영 분위기와 준비된 모습으로 신뢰감 형성.
- 투자자 배경 지식 시연으로 전문성 인정받기.

심리적 효과: 앵커링(Anchoring) 효과로 이후 논의 기준점 형성.

2. 정보 우위 확보

핵심 전략: 비대칭 정보 격차 해소.

실행 방법
- 투자자가 모르는 유용한 정보 전략적 공유.
- 선제적 질문으로 투자자 우선순위 파악.
- 이미 알고 있는 투자자 정보 적절히 활용.

심리적 효과: 호혜성(Reciprocity) 원칙 작동으로 투자자도 정보 공유.

3. 제안 단계의 심리적 기법
핵심 전략: 대조 원칙과 양보 전략 활용.
실행 방법
- 주요 요구 사항 전 높은 기준점 설정.
- 전략적 양보를 통한 상호주의 유도.
- 묶음 제안으로 개별 조건 비교 방지.

심리적 효과: 상대적 이득 인식 강화.

4. 설득의 심리학 활용
핵심 전략: 희소성과 사회적 증명 활용.
실행 방법
- 제한된 기회 / 자원임을 적절히 강조.
- 다른 투자자들의 관심 / 결정 언급.
- 투자자와 유사한 성공 사례 구체적 제시.

심리적 효과: FOMO(Fear Of Missing Out) 심리 자극.

5. 결정 유도 심리 기법
핵심 전략: 결정 편향성과 일관성 원칙 활용.
실행 방법

- 작은 사항부터 단계적 동의 얻기.
- 투자자가 이미 표현한 가치 / 선호에 연결.
- 결정 지연의 기회 비용 구체화.

심리적 효과: 인지부조화 회피 심리 활용.

> **협상 심리학 적용 사례**
>
> K지역은 미국 기업과의 협상에서 '초기 프레이밍 전략'을 효과적으로 활용했어. 협상 첫날, 지역 내 성공적으로 정착한 다른 미국 기업 3곳의 CEO를 깜짝 오찬에 초대해 실제 경험을 나누게 했지. 이 자리에서 형성된 긍정적 프레임이 이후 협상 과정에서 투자자의 인식에 지속적인 영향을 미쳤고, 몇 가지 쟁점에서 유리한 결과를 얻는 데 도움이 됐다고 해.

■ 까다로운 협상 상황 대처법

투자 유치 협상에서는 예상치 못한 까다로운 상황이 자주 발생해. 이런 상황에서 침착하게 대응하고 협상을 유리한 방향으로 이끄는 전략을 알아보자.

■ 유형별 난관 극복 전략

1) 강경한 요구 / 압박 상황

상황 예시: 과도한 인센티브 요구, 비현실적 조건 제시, 시간 압박.

대응 원칙: 원칙에 집중, 감정 배제, 객관적 기준 활용.

효과적 대응법:
- "이해합니다만, 객관적 기준을 함께 검토해 볼까요?"
- BATNA(최선의 대안)를 명확히 인식하고 한계선 설정.

- 압박에 즉각 반응하지 않고 검토 시간 확보.
- 타협 가능한 대안 사전 준비.

★ **현장 대응구:** "그 조건은 어려울 수 있으나, 대신 이런 방식으로 동등한 가치를 제공할 수 있습니다……."

2) 예상치 못한 반대 / 의문 제기

상황 예시: 갑작스러운 부정적 정보 언급, 예상치 못한 우려 제기.

대응 원칙: 방어적 태도 지양, 투명한 정보 공유, 우려 인정.

효과적 대응법

- 우려 사항 인정하고 공감 표현.
- 정확한 팩트와 데이터로 객관적 설명.
- 문제 해결책과 위험 완화 방안 제시.
- 필요시 전문가 의견 활용.

★ **현장 대응구:** "말씀하신 우려는 타당합니다. 저희도 이 부분을 중요하게 고려했고, 다음과 같은 대응 방안을 마련했습니다……."

3) 다수 의사 결정자 상황

상황 예시: 의사 결정자 간 의견 불일치, 복잡한 승인 구조.

대응 원칙: 개별 이해관계 파악, 공통 기반 찾기, 단계적 접근.

효과적 대응법

- 각 의사 결정자의 핵심 관심사 개별 파악.
- 모든 주요 인물에게 균등한 관심과 존중.

· 단계적 합의 구축으로 모멘텀 형성.

· 내부 지지자(Champion) 확보 및 활용.

★ **현장 대응구:** "재무팀의 ROI 우려와 운영팀의 기술적 우려를 모두 해소할 수 있는 방안을 준비했습니다……."

4) 문화적 오해 / 충돌 상황

상황 예시: 의사소통 스타일 차이, 기대치 불일치, 비언어적 신호 오해.

대응 원칙: 문화적 인식 활용, 명확한 소통, 유연한 적응.

효과적 대응법

· 문화적 차이 인식하고 존중 표현.

· 명시적 확인으로 오해 방지.

· 중립적 제 3자 / 통역 적절히 활용.

· 공식 / 비공식 채널 균형 있게 활용.

★ **현장 대응구:** "제가 올바르게 이해했는지 확인하고 싶습니다. 말씀하신 내용은 ___ 라는 의미인가요?"

위기 대응 성공 사례

L지역은 유럽 기업과의 협상 중 갑작스럽게 해당 지역 환경 문제에 관한 부정적 보도가 나와 위기를 맞았어. 방어적 태도로 반박하는 대신, 문제를 솔직히 인정하고 이미 진행 중인 개선 대책과 투자 프로젝트에 특화된 환경 모니터링 시스템 도입을 제안했지. 또한 지역 환경 단체와 협력하는 지속 가능성 자문단 구성을 제안해 오히려 투자자의 신뢰를 강화하는 계기로 전환했어. 이 위기 대응이 최종 투자 결정에 긍정적 영향을 미쳤다고 기업 임원이 나중에 밝혔어.

■ 협상 교착 상황 타개 전략

1) 관점 전환 기법
핵심 전략: 문제 정의 자체를 바꾸기.
적용 방법
- "이렇게 보면 어떨까요?" 접근법.
- 양측의 근본 이해관계로 초점 이동.
- 개별 조건에서 전체 패키지로 시야 확장.

사례: M지역은 인센티브 규모 협상이 교착 상태에 빠지자 "5년 지원 vs 10년 장기 파트너십" 관점으로 전환해 돌파구 마련.

2) 잠정 합의 전략
핵심 전략: 부분적 / 조건부 합의로 진전 모멘텀 확보.
적용 방법
- 쉬운 사항부터 단계적 합의 축적.
- "만약 ~ 라면, 우리는 ~ 할 수 있습니다." 접근법.
- 시범 / 테스트 단계 제안으로 리스크 경감.

사례: N지역은 대규모 투자 합의가 어려워지자 "2단계 투자" 접근법으로 초기 소규모 테스트 후 확장하는 방식 제안.

3) 제3자 활용 전략

핵심 전략: 중립적 조력자 도입으로 새 관점 제시.

적용 방법

· 업계 전문가 / 기관 의견 참조.

· 객관적 벤치마킹 / 사례 연구 활용.

· 중립적 중재자 도입 고려.

사례: O지역은 기술 요건 협상이 난항을 겪자 국책연구소 전문가를 초청해 기술적 타당성 검토 진행.

4) 창의적 대안 개발 전략

핵심 전략: 기존 틀을 벗어난 새로운 옵션 창출.

적용 방법

· 브레인스토밍으로 다양한 대안 탐색.

· 협상 요소 추가 / 결합으로 가치 확대.

· 상호 이익이 되는 비금전적 요소 발굴.

사례: P지역은 세금 인센티브 협상이 불가능해지자 대신 특화 인력 양성 센터 설립과 우선 채용권 제공으로 돌파구 마련.

5) ZOPA 재정의 전략

핵심 전략: 합의 가능 영역(ZOPA: Zone of Possible Agreement) 확장.

적용 방법

· 양측 BATNA(최선의 대안) 현실적 재평가.

·시간대 / 단계 조정으로 영역 확장.

·위험 / 보상 구조 재설계.

사례: Q지역은 초기 투자 규모 협상이 실패하자, 성과 연동형 인센티브 구조로 전환해 양측 리스크 분담 방식 도입.

> **협상 교착 돌파 사례**
> R지역은 글로벌 기업과의 협상이 인센티브 규모 문제로 6개월간 교착 상태에 빠졌어. 전환점은 "금액" 중심에서 "가치" 중심으로 관점을 바꾼 것이었지. 현금 인센티브 대신 ① 산학연 공동 연구 센터 설립, ② 맞춤형 인력 양성 프로그램, ③ 규제 샌드박스 특례 적용이라는 3가지 대안을 제시했어. 특히 기업의 장기 R&D 니즈에 초점을 맞춘 대학 연계 프로그램이 결정적이었다고 해. 이 사례는 금전적 지원만이 아닌 장기적 가치 제안의 중요성을 보여 줘.

■ 언어와 비언어 커뮤니케이션 마스터 기법

투자 유치 협상에서는 말하는 내용만큼이나 어떻게 말하고 행동하는지가 중요해. 효과적인 언어적 / 비언어적 커뮤니케이션 기술을 익혀 협상력을 강화해 보자구!

■ 설득력 있는 언어 표현 기법

1) 프레이밍 언어 활용
핵심 기술: 동일한 내용도 표현 방식에 따라 인식이 달라지는 현상 활용.

효과적 표현법
·손실 프레임 vs 이득 프레임 전략적 활용.

(예시: "놓치는 기회" vs "얻을 수 있는 이익")

·문제-해결 구조로 가치 부각.

(예시: "이런 어려움을 해결할 수 있는 유일한 지역입니다.")

·미래 지향적 언어로 비전 강조.

(예시: "5년 후 이곳은 아시아 최고의 허브가 될 것입니다.")

주의점: 과장된 표현은 신뢰도 훼손.

2) 소크라테스식 질문법

핵심 기술: 직접 설득보다 질문을 통해 상대방이 스스로 결론 도출하게 유도.

효과적 표현법

·개방형 질문으로 생각 확장.

(예시: "이 입지가 어떤 전략적 가치를 제공할까요?")

·단계적 질문으로 논리적 경로 구축.

(예시: "인재 확보가 중요하다면, 어떤 환경이 필요할까요?")

·반영적 질문으로 공감 표현.

(예시: "속도가 중요하다고 하셨는데, 어떤 일정을 고려하고 계신가요?")

주의점: 조작적으로 느껴지지 않도록 진정성 유지.

3) 스토리텔링 기법

핵심 기술: 사실과 데이터를 감정적 공감을 일으키는 이야기로 전달.

효과적 표현법

・유사 기업 성공 스토리 구체적 공유.

(예시: "귀사와 비슷한 B기업은 이곳에서 시작해 3년 만에······.")

・개인적 경험 / 증언 활용.

(예시: "지난주 만난 C사 CEO는 이 결정이 그들의 게임 체인저였다고······.")

・어려움-극복-성공 구조로 설득력 강화.

(예시: "초기에는 도전이 있었지만, 우리의 지원으로······.")

주의점: 검증 가능한 사실 기반 스토리 활용.

4) 언어적 미러링(Mirroring) 기법

핵심 기술: 상대방의 언어 / 표현 일부를 반영해 라포 형성.

효과적 표현법

・핵심 단어 / 문구 반복으로 경청 시그널.

(예시: 투자자: "생산성이 핵심입니다." → "생산성이 중요하다고 하셨는데······.")

・상대방의 용어 / 전문 언어 적절히 채택.

・말투 / 속도 / 어조 부분적 동기화.

주의점: 자연스러움 유지, 과도한 모방은 역효과.

> **언어 전략 성공 사례**
> S지역은 미국 테크 기업 유치 과정에서 '스토리텔링 프레이밍' 전략을 효과적으로 활용했어. 단순히 인센티브와 입지 조건을 나열하는 대신, "실리콘 밸리의 혁신 DNA를 아시아에 이식하는 여정"이라는 스토리 라인을 개발했지. 지역 내 스타트업 생태계와 글로벌 연결성을 "혁신가의 영웅 여정" 구조로 설명하며 투자자의 공감을 이끌어 냈어. 특히 "이곳에서 시작해 글로벌 유니콘으로 성장한" 실제 기업 사례를 감성적으로 전달한 것이 결정적이었다고 해.

■ 비언어 커뮤니케이션 활용법

1) 공간 활용과 자세

핵심 요소: 공간 배치, 앉는 위치, 신체 자세.

효과적 기법

- 협력적 좌석 배치(ㄷ자 / 원형)로 파트너십 강조.
- 약간 앞으로 기울인 자세로 관심 표현.
- 개방적 자세 유지.(팔짱 X, 가방으로 장벽 만들기 X)
- 적절한 거리 유지.(문화별 차이 고려)

문화별 차이점: 아시아 문화는 더 넓은 개인 공간 선호.

2) 제스처와 표정

핵심 요소: 손동작, 얼굴 표정, 시선 처리.

효과적 기법

- 열린 손바닥 제스처로 신뢰감 형성.

- 적절한 고개 끄덕임으로 경청 신호.

- 자연스러운 미소와 표정 변화로 친근감 표현.

- 문화적으로 적절한 눈 맞춤.(직접적 vs 간접적)

문화별 차이점: 서구는 직접적 눈 맞춤 중시, 아시아는 간헐적 눈 맞춤 선호.

3) 음성적 요소

핵심 요소: 목소리 톤, 속도, 크기, 억양.

효과적 기법

- 핵심 포인트에서 속도 조절로 중요성 강조.

- 자신감 있는 적절한 음량 유지.

- 질문 / 경청 시 톤 변화로 관심 표현.

- 적절한 침묵 활용으로 생각할 시간 제공.

문화별 차이점: 북미는 빠른 템포, 아시아 / 북유럽은 여유 있는 템포 선호.

4) 비언어 미러링과 동기화

핵심 요소: 상대방의 비언어 패턴 부분적 반영.

효과적 기법

- 상대방 에너지 레벨과 약간 동기화.

- 자세와 제스처 일부 자연스럽게 반영.

- 말하는 속도와 리듬 부분적 맞추기.

- 문화적 예의와 행동 양식 존중.

문화별 차이점: 집단주의 문화는 동조가 중요, 개인주의 문화는 독특함 중시.

> **비언어 커뮤니케이션 활용 사례**
>
> T지역 투자 유치 담당자는 일본 기업과의 협상에서 비언어 커뮤니케이션을 전략적으로 활용했어. 사전 연구를 통해 일본 비즈니스 문화에서는 경청과 숙고의 시간이 중요하다는 점을 파악하고, 적절한 침묵을 활용했지. 질문 후 서두르지 않고 기다리며, 메모하는 모습으로 존중을 표현했어. 또한 한국식 직접적 눈 맞춤 대신 간헐적 눈 맞춤으로 조절했고, 명함 교환 등 의례적 행동에 각별한 주의를 기울였지. 이러한 문화적 감수성이 신뢰 형성에 큰 도움이 됐다고 해.

실무자를 위한 추가 자료

Fisher, R. & Ury, W. (1981), 『Getting to Yes: Negotiating Agreement Without Giving In』.
산업통상자원부 (2023), 『글로벌 투자 유치 커뮤니케이션 가이드』.
KOTRA (2025), 국가별 비즈니스 에티켓 핸드북』.
한국협상학회 (2024), 협상의 심리학: 투자 유치 협상 사례집』.

제5장
성공적인 투자 유치의 마무리 전략

❖ 투자 유치 이후 완벽 관리 체크 리스트

투자 유치는 끝이 아닌 시작이야. 투자 유치 후 성공적인 정착과 지속 가능한 성장을 위한 체계적인 관리가 필수적이지. 이 단계에서의 완벽한 지원이 향후 추가 투자와 지역 경제 활성화의 핵심이 된다는 걸 명심해!

■ 초기 정착 단계 지원 전략

투자 계약 체결 이후 첫 6개월은 투자 기업의 성공적 정착을 위한 결정적 시기야. 이 시기에는 집중적인 지원이 필요해.

■ 원스톱 정착 지원 시스템

핵심 지원 영역과 체크 포인트

[투자 기업 정착 지원 로드맵]

부지 / 건물 확보 (D+0 ~ 60)	행정 절차 지원 (D+0 ~ 90)	인력 확보 (D+30 ~ 120)	생활 정착 지원 (D+0 ~ 180)
·부지 인도 / 권리 명확화	·법인 설립 / 등록	·핵심 인력 채용	·주거 확보 / 저어착
·인허가 신속 처리	·외투 기업 등록 절차	·맞춤형 교육 훈련	·교육(국제 학교) 연계
·유틸리티 연결	·조세 감면 신청	·통번역 인력 지원	·의료 / 금융 서비스
·설계 / 시공사 연계	·인센티브 실행 지원	·외국인 비자 절차	·지역 사회 네트워킹

※ 효과적인 지원 시스템 구축법

·투자 기업 전담 매니저(KAM) 지정: 기업별 단일 창구 담당자 배정.

·주간 체크인 시스템: 정기적 소통으로 애로 사항 선제적 포착.

·관계 기관 협의체 운영: 인허가 / 행정 절차 원활화를 위한 네트워크.

·위기 대응 핫라인: 긴급 상황 발생 시 24시간 지원 체계.

> **실패 사례에서 배우는 교훈**
> A지역은 대규모 외투 기업 유치에 성공했으나, 정착 지원 시스템 미비로 초기 단계에서 많은 어려움을 겪었어요. 특히 전력 인프라 연결 지연으로 생산 일정이 3개월 늦어졌고, 이로 인한 매출 손실이 약 300억 원에 달했지. 투자 기업은 이 경험을 본사에 부정적으로 보고했고, 계획됐던 2단계 투자가 취소됐어. 이 사례는 초기 정착 지원의 중요성을 잘 보여 주고 있어.

■ 투자 이행 모니터링 시스템

투자 약속의 성공적인 이행과 조기 안정화를 위해 체계적인 모니터링 시스템 구축이 필요해.

▶핵심 모니터링 영역

모니터링 영역	핵심 지표	모니터링 주기	지원 방안
투자 이행	투자 금액 실행률 설비 도입 현황 건축 공정률	월간	인허가 신속 처리 자금 집행 지원 설비 도입 자문
고용 창출	채용 실적 지역 인재 비율 급여 수준	분기별	채용 박람회 개최 인력 양성 프로그램 고용 보조금 지원
경영 안정화	가동률 매출액, 수익성 애로 사항	분기별	운영 자금 지원 판로 개척 지원 원가 절감 자문
지역 협력	지역 기업 협력 현황 사회 공헌 활동 지역 사회 관계	분기별	비즈니스 네트워킹 지역 행사 참여 지원 홍보 지원

※ 효과적인 모니터링 접근법

·균형적 접근: 감시자가 아닌 조력자 관점에서 접근.

·데이터 기반 지원: 모니터링 결과에 따른 맞춤형 지원 제공.

·조기 경보 시스템: 문제 징후 포착 시 선제적 개입.

·성과 피드백 루프: 모니터링 결과를 정책 개선에 반영.

★ 현장에서 통하는 Tip! "투자 이행 모니터링이 '감시'로 느껴지지 않도록 해야 해. 우리는 '월례 성공 미팅'이라는 이름으로 정기 점검을 진행하고, 항상 '어떤 도움이 필요한지'를 먼저 물어봐. 문제점을 지적하기보다 함께 해결책을 찾는 접근이 훨씬 효과적이야."(B지역 투자유치사후관리팀 L팀장)

■ 장기적 성장 지원 전략

초기 정착 이후 투자 기업의 지속 가능한 성장과 지역 경제와의 상생 관계 구축이 중요해. 장기적 관점의 전략적 지원이 필요한 시점이지.

■ 비즈니스 생태계 연계 전략

투자 기업이 지역 비즈니스 생태계에 안착하고 시너지를 창출할 수 있도록 지원하는 전략이야.

▶핵심 연계 영역

1. 공급망 연계 지원	2. 혁신 생태계 통합
·지역 내 협력 업체 매칭 프로그램	·지역 R&D 기관과의 공동 연구 기회 창출
·구매 상담회 및 기술 교류회 정기 개최	·산학연 협력 프로젝트 지원
·협력 업체 기술 역량 향상 지원	·오픈 이노베이션 플랫폼 참여 유도
·공급망 리스크 관리 지원	·기술 라이선싱 및 이전 지원
3. 인재 교류 활성화	4. 금융 비즈니스 서비스 지원
·지역 대학과의 인턴십 / 취업 연계	·성장 단계별 맞춤형 금융 지원
·산업 맞춤형 인력 양성 프로그램 공동 운영	·전문 서비스(법률, 회계, 컨설팅 등) 연계
·전문가 교류 및 지식 공유 포럼	·수출 및 마케팅 지원 프로그램
·해외 인재 유치 공동 프로그램	·비즈니스 인텔리전스 서비스 제공

생태계 연계 성공 사례

C지역은 독일 자동차 부품 기업 투자 유치 후 '상생 파트너십 프로그램'을 운영했어. 투자 기업과 지역 중소기업을 연계해 기술 멘토링, 공동 R&D, 품질 관리 시스템 구축을 지원했어. 3년간 운영 결과, 투자 기업의 현지 조달률이 23%에서 67%로 증가했고, 협력 업체 15개사의 매출이 평균 40% 증가했어. 이를 통해 투자 기업은 물류 비용 절감과 안정적 공급망을 확보했고, 지역 경제는 동반 성장하는 선순환 구조를 만들었어.

■ 증액 투자 유치 전략

초기 투자 유치에 성공한 기업의 증액 투자는 신규 투자보다 비용 효율적이며 성공 가능성도 높아. 체계적인 증액 투자 유치 전략이 필요해.

※ 증액 투자 유치의 4단계 프로세스

1 단계: 잠재 니즈 발굴

핵심 활동: 투자 기업의 잠재적 확장 가능성 및 니즈 파악.

접근 방법
- ·정기적 고위 경영진 면담을 통한 중장기 계획 논의.
- ·본사 투자 동향 및 글로벌 전략 모니터링.
- ·산업 트렌드 분석을 통한 선제적 기회 포착.
- ·정착 과정에서의 애로 사항 개선을 통한 신뢰 구축.

성공 포인트 투자 기업보다 한발 앞서 확장 기회 발굴.

2 단계: 맞춤형 제안 패키지 설계

핵심 활동: 기업 특성에 맞는 증액 투자 패키지 개발.

접근 방법
- ·기존 투자 경험 기반의 개선된 인센티브 설계.
- ·확장 시나리오별 맞춤형 지원 옵션 개발.
- ·경쟁 지역 비교 우위 요소 강화.

·장기적 파트너십 비전 제시.

성공 포인트 초기 투자 대비 더 높은 가치 제안.

3 단계: 본사 의사 결정 지원

핵심 활동: 현지 법인 - 본사 간 증액 투자 의사 결정 지원.

접근 방법

·현지 법인 경영진 대상 맞춤형 자료 제공.

·본사 방문 및 직접 프레젠테이션 기회 마련.

·성공 스토리 및 미디어 노출을 통한 우호적 분위기 조성.

·중앙 정부 - 지자체 공동 지원 체계 구축.

성공 포인트 현지 법인이 본사 설득 과정에서 강력한 지지자가 되도록 지원.

4 단계: 실행 및 성과 가시화

핵심 활동: 증액 투자 결정 이후 신속한 실행 지원

접근 방법

·투자 실행 로드맵 공동 수립.

·초기 성과의 빠른 가시화 지원.

·성공 사례로 대내외 홍보.

·추가 확장을 위한 장기 관계 구축.

성공 포인트 성공적 경험의 선순환 창출.

> **증액 투자 유치 성공 사례**
> D지역은 미국 바이오 기업의 초기 투자(5천만 달러) 유치 3년 후, 글로벌 R&D 센터 증설(2억 달러)을 추가로 유치하는 데 성공했어. 성공 요인은 첫째, 초기 투자 정착 과정에서서 발생한 규제 이슈를 신속히 해결해 신뢰를 구축한 것, 둘째, 바이오 인재 확보를 위해 지역 대학과 공동으로 맞춤형 교육 프로그램을 개발한 것, 셋째, 현지 법인장의 본사 보고용 자료를 전문적으로 지원한 것이었어. 특히 지역이 개발한 '바이오 R&D 생태계 가시화 자료'가 본사 의사 결정에 결정적 역할을 했다고 해.

❖ 사례로 배우는 투자 유치 성공과 실패의 교훈

■ 글로벌 성공 사례 심층 분석

세계 각국의 성공적인 투자 유치 사례를 통해 실질적인 전략과 교훈을 배워 보자. 이론보다 실전에서 통하는 인사이트를 얻을 수 있어.

■ 유형별 성공 사례와 핵심 교훈

※ 첨단 제조업 투자 유치 성공 사례

사례 1: 아일랜드의 첨단 반도체 생태계 구축

배경: 제조업 기반이 약했던 아일랜드가 반도체 글로벌 허브로 성장.

핵심 전략

- 교육 시스템과 산업 수요의 장기적 연계.(30년 전략)
- 첨단 기업 타깃팅 후 협력사 동반 유치 전략.

- 세제 혜택의 장기적 예측 가능성 보장.
- EU 시장 접근성과 영어 사용 환경 활용.

성과: 인텔, 애플 등 글로벌 기업 27개 유치, 4.5만 개 일자리 창출.

핵심 교훈: "단일 기업 유치가 아닌 생태계 구축 관점의 접근."

사례 2: 싱가포르의 바이오 메디컬 허브 전략

배경: 작은 도시 국가가 아시아 바이오 허브로 급부상.

핵심 전략

- '바이오 폴리스' 집적 단지 통한 공간적 시너지 창출.
- 글로벌 연구 인재 유치를 위한 파격적 지원.
- 임상-규제-생산 원스톱 지원 체계.
- 아시아 시장 테스트 베드 포지셔닝.

성과: 글로벌 Top10 제약사 모두 R&D 센터 설립, 연간 투자액 10억 달러 이상.

핵심 교훈: "소규모 국가 / 지역의 강점 발굴과 선택적 집중의 중요성"

> **싱가포르 사례의 핵심 성공 요인 분석**
>
> 싱가포르 바이오 폴리스 성공의 가장 독특한 점은 '인재 중심 접근법'이야. 단순히 세금 감면이나 보조금이 아닌, 세계 최고 과학자들을 유치하기 위한 맞춤형 지원(자녀 교육, 연구 자율성, 글로벌 네트워킹 등)에 초점을 맞췄어. 정부 관계자는 "기업은 인재를 따라온다."는 철학으로 과학자 먼저, 기업 그다음 전략을 펼쳤다고 해. 실제로 노벨상 수상자 등 스타 과학자 유치 후 글로벌 기업들이 뒤따라 투자를 결정한 사례가 다수였지.

※ 서비스 / R&D 투자 유치 성공 사례

사례 3: 에스토니아의 디지털 혁신 투자 유치

배경: 작은 발트해 국가가 '디지털 국가' 브랜딩으로 ICT 투자 유치.

핵심 전략

- e-Estonia 디지털 정부 시스템으로 테스트 베드 제공.
- 'e-Residency' 프로그램으로 글로벌 기업가 유치.
- 디지털 인프라에 집중 투자.
- 스타트업 친화적 규제 환경 조성.

성과: 인구 131만 명 국가에 유니콘 기업 10개 탄생, ICT 분야 FDI 5년간 3배 증가.

핵심 교훈: "국가 / 지역 전체를 혁신 플랫폼으로 포지셔닝 하는 전략."

사례 4: 이스라엘의 R&D 센터 유치 전략

배경: 지정학적 리스크에도 불구하고 글로벌 R&D 허브로 성장.

핵심 전략

- 혁신적 인재 풀과 기술 스타트업 생태계 강조.
- 정부 R&D 매칭 펀드 제도.
- 글로벌 VC 유치와 연계한 기업 유치.
- 군사 기술의 민간 전환 지원.

성과: 구글, 마이크로소프트 등 350개 이상 글로벌 R&D 센터 유치.

핵심 교훈: "인재와 혁신 생태계가 물리적 인센티브보다 중요한 경우."

★**투자 유치 담당자가 주목할 포인트** "이스라엘 사례에서 가장 인상적인 점은 '스토리텔링 전략'이야. 단점(지정학적 리스크, 작은 내수 시장)을 오히려 강점으로 전환한 거지. '생존을 위한 혁신', '적은 자원으로 최대 효율', '글로벌 시장을 타깃으로 한 솔루션' 등의 강력한 내러티브로 투자자들에게 어필했어. 우리도 지역의 약점을 솔직히 인정하고, 그것을 극복하는 독특한 강점으로 재구성하는 스토리텔링이 필요해."(글로벌 투자 유치 컨설턴트 K이사)

※ 신흥국 투자 유치 성공 사례

사례 5: 베트남의 전자 제조업 투자 유치

배경: 저개발국에서 글로벌 전자 제품 생산 기지로 급부상.

핵심 전략

- 점진적 경제 개방과 안정적 정책 환경.
- 글로벌 FTA 네트워크 구축으로 수출 기지 매력 강화.
- 중국 대비 비용 우위와 지리적 인접성 활용.
- 앵커 기업(삼성전자) 유치 후 생태계 확장.

성과: 10년간 전자 산업 FDI 800억 달러 유치, 글로벌 스마트폰 40% 생산.

핵심 교훈: "글로벌 가치 사슬 재편 기회 포착과 전략적 포지셔닝."

사례 6: 코스타리카의 하이테크 투자 유치

배경: 작은 중미 국가가 인텔 등 첨단 기업 유치 성공.

핵심 전략

- 교육과 환경 중심의 국가 브랜딩.(군대 폐지, 교육 투자)
- 정치적 안정성과 민주주의 강조.

・맞춤형 인력 양성 프로그램 집중 투자.

・지속 가능한 개발 모델 제시.

성과: 인텔, HP, IBM 등 300개 이상 다국적 기업 유치, 고급 일자리 7만 개 창출.

핵심 교훈: "작은 국가도 명확한 차별화와 집중 전략으로 성공 가능."

> **코스타리카 사례의 심층 분석**
> 코스타리카의 성공은 '가치 기반 투자 유치'의 좋은 예야. 단순한 비용 절감이 아닌, 국가의 핵심 가치(환경 보전, 평화, 교육)를 투자 유치와 일관되게 연결시켰어. 특히 1949년 군대를 폐지하고 그 예산을 교육에 투입한 역사적 결정이 50년 후 인텔과 같은 첨단 기업 유치의 토대가 됐지. "우리는 탱크 대신 교사에, 군사 기지 대신 학교에 투자했습니다."라는 메시지가 하이테크 기업들에게 강력하게 어필했다고 해. 이는 지역의 진정성 있는 스토리텔링이 얼마나 중요한지 보여 주는 사례야.

■ **성공 사례에서 발견한 공통 성공 요인**

다양한 글로벌 성공 사례들을 분석한 결과, 국가나 지역, 산업을 막론하고 공통적으로 나타나는 핵심 성공 요인들이 있어.

1. 차별화된 가치 제안

・모방이 아닌 지역 특성에 기반한 독자적 강점 발굴.

・비용 우위를 넘어선 가치 중심 접근.

・투자자 니즈와 지역 강점의 전략적 연결.

・장기적 파트너십 관점의 접근.

2. 생태계적 접근

· 단일 기업이 아닌 산업 생태계 전체 관점.

· 앵커 기업-협력 업체-지원 기관 연계 설계.

· 인재-기술-자본의 선순환 구조 구축.

· 글로벌-로컬 네트워크 통합.

3. 일관성과 지속성

· 정권 / 담당자 변화에도 일관된 정책 유지.

· 단기 성과보다 장기적 신뢰 관계 중시.

· 약속 이행에 대한 철저한 실행력.

· 점진적 진화와 개선의 지속성.

4. 투자자 중심 시스템

· 원스톱 서비스와 신속한 의사 결정 지원.

· 투자자 관점에서 설계된 프로세스.

· 문제 해결 중심의 유연한 접근.

· 사후 관리와 지속적 관계 구축.

★ **투자 유치 담당자를 위한 행동 원칙** "성공적인 투자 유치 지역들의 공통점은 '투자자 중심 사고'야. 규정과 절차 중심이 아니라 문제 해결 중심으로 접근하는 것이 핵심이지. 투자자가 가진 문제와 니즈를 깊이 이해하고, 그것을 해결해 주는 파트너가 되는 것. 핵심은 '어떻게 하면 안 되는지' 설명하는 대신 '어떻게 하면 가능한지'를 찾아내는 마인드 셋이야."(글로벌 투자 유치 성공 지역 담당자 공통 인터뷰 중)

■ 실패 사례를 통한 교훈

실패 사례는 성공 사례만큼이나, 어쩌면 더 값진 교훈을 주더라구. 다양한 실패 사례를 분석해 같은 실수를 반복하지 않도록 하자.

■ 유형별 실패 사례와 교훈

※ 과장된 약속의 함정

사례 1: G지역의 인프라 약속 불이행
- **상황:** 대규모 투자 유치를 위해 현실적 검토 없이 과도한 인프라 지원 약속.
- **결과:** 송전 선로 설치 지연으로 공장 가동 1년 연기, 5천만 달러 손실 발생.
- **후속 영향:** 해당 기업의 2단계 투자 취소, 지역 신뢰도 하락으로 다른 투자 유치에도 악영향.
- **핵심 교훈:** "이행 가능한 현실적 약속만 하고, 약속한 것은 반드시 지켜라."

사례 2: H지역의 인력 수급 과장
- **상황:** 실제 가능한 수준 이상의 인력 공급 역량 과장해서 제시.
- **결과:** 투자 후 핵심 기술 인력 확보 실패로 생산성 저하, 본사 직원 긴급 파견 상황 발생.
- **후속 영향:** 지역 평판 하락, 투자사의 점진적 철수 결정.
- **핵심 교훈:** "정직한 현실 인식과 솔직한 소통이 장기적 신뢰의 기반."

★ **과장의 유혹을 이기는 법** "투자 유치 과정에서 '과장의 유혹'은 항상 존재해. 특히 경쟁이 치열할 때 더 그렇지. 하지만 우리 경험으로는 투자자들이 생각보다 훨씬 더 정보에 정통하고, 과장은 금방 드러나. 오히려 약점을 솔직히 인정하고 그에 대한 현실적 대안을 제시하는 것이 더 효과적이야. 한 번의 과장으로 얻은 투자보다 정직함으로 쌓은 신뢰가 장기적으로 더 많은 투자를 가져온다는 걸 명심해야 해."(I지역 투자 유치 센터장)

※ 협업 부재와 칸막이 문제

사례 3: J지역의 부서 간 협력 실패

- **상황:** 투자 유치 담당 부서와 인허가 담당 부서 간 소통 부재.
- **결과:** 투자 결정 후 예상치 못한 인허가 지연으로 프로젝트 1년 지연.
- **후속 영향:** 투자사 CEO 직접 항의, 이후 투자 축소 결정.
- **핵심 교훈:** "투자 유치는 전체 행정 시스템의 통합된 접근이 필수."

사례 4: K지역의 중앙 - 지방 정부 갈등

- **상황:** 지방 정부 유치 과정에서 중앙 정부와의 조율 미흡.
- **결과:** 중복 규제 적용으로 초기 운영 차질, 추가 비용 발생.
- **후속 영향:** 투자사 본국 언론에 부정적 사례로 보도, 국가 이미지 손상.
- **핵심 교훈:** "사전에 모든 이해관계자와 협력 체계 구축 필수."

★ **협업 강화를 위한 실천 방안** "우리는 '투자 유치 원 팀(One Team)' 시스템을 도입해 문제를 해결했어. 투자 프로젝트가 확정되면 관련 모든 부서(투자 유치, 인허가, 환경, 노동, 세무 등)가 참여하는 전담팀을 구성하고, 주간 회의를 통해 진행 상황을 공유해.

특히 부서장들이 직접 참여하는 월례 리뷰 미팅은 병목 현상을 해소하는 데 큰 도움이 됐지. 모든 구성원이 '투자자의 성공이 우리의 성공'이라는 공동 목표를 가지도록 하는 게 핵심이야."(협업 성공 지역 공무원 인터뷰)

※ 투자자 니즈 오판

사례 5: L지역의 비용 중심 접근 실패
- **상황:** 투자자의 기술 / 인재 니즈 간과하고 비용 절감만 강조.
- **결과:** 경쟁 지역 대비 높은 비용 인센티브에도 투자 유치 실패.
- **교훈:** "모든 투자자가 비용만 중시하는 것은 아니다. 진짜 니즈 파악이 중요."

사례 6: M지역의 문화적 차이 무시
- **상황:** 아시아 투자자 대상 서구식 접근법 고수, 관계 구축 소홀.
- **결과:** 조건상 우위에도 불구하고 문화적 교감이 있는 경쟁 지역에 패배.
- **교훈:** "투자 결정은 논리만이 아닌 감성과 문화적 요소도 중요하게 작용."

★진짜 니즈 파악하는 법 "우리는 '3단계 니즈 분석법'을 활용해. 첫째, 표면적 니즈(공식 요구 사항), 둘째, 비즈니스 니즈(사업 목표와 전략), 셋째, 개인적 니즈(의사 결정자의 개인적 동기와 우려)를 구분해서 접근하는 거야. 특히 세 번째 단계가 종종 결정적인데, 이건 공식 미팅이 아닌 비공식적 자리에서 신뢰 관계를 통해서만 알 수 있어. 한 일본 기업 임원은 공식적으로는 생산성을 강조했지만, 실제로는 자녀 교육 환경이 가장 중요한 고려 사항이었던 경우도 있었지."(N지역 투자 유치 성공 사례 연구)

※ 사후 관리 소홀

사례 7: O지역의 정착 지원 부실
- **상황:** 계약 체결 이후 후속 지원 체계 미비.
- **결과:** 초기 정착 과정의 어려움 누적으로 투자사 불만 고조.
- **후속 영향:** 해당 기업 본사의 투자 철회 결정, 지역 이미지 손상.
- **핵심 교훈:** "계약 서명은 끝이 아닌 시작, 정착 단계가 더 중요할 수 있다."

사례 8: P지역의 약속 이행 관리 부실
- **상황:** 인센티브 지급 지연 및 행정 절차 복잡성.
- **결과:** 투자사의 불신 증가, 운영 자금 압박으로 사업 축소.
- **후속 영향:** 해당 국가 전체에 대한 부정적 인식 확산.
- **핵심 교훈:** "약속 이행의 속도와 편의성이 지역 신뢰도의 핵심."

★**사후 관리 성공의 핵심** "우리는 '투자 생애 주기 관리' 개념을 도입했어. 투자 유치는 임신에 비유하면 출산일 뿐, 진짜 중요한 건 그 후의 양육이지. 각 단계별(정착기 – 안정기 – 성장기 – 확장기) 맞춤형 지원 프로그램을 운영하고, 특히 초기 1년은 '인텐시브 케어' 기간으로 설정해 주간 단위 체크인과 신속 대응 시스템을 가동해. 투자 기업 전담 매니저는 KPI의 50%를 '기존 투자 기업 만족도'로 평가받아. 이런 접근으로 5년간 철수율을 12%에서 3%로 낮췄어."(Q지역 투자 유치 담당 국장)

> **실패 극복 성공 사례**
> R지역은 과거 대형 투자 유치 실패 경험을 분석해 완전히 새로운 접근법을 개발했어. 가장 큰 변화는 '정직함의 차별화'였지. 과장된 약속이나 허울뿐인 장점 홍보 대신, 지역의 한계와 약점까지 솔직히 인정하고 그에 대한 현실적 대안을 함께 제시하는 방식이야. 예를 들어 "우리 지역은 대규모 기술 인력 풀이 부족하지만, 그 대신 맞춤형 인재 양성 프로그램과 글로벌 인재 유치 지원 시스템을 갖추고 있습니다."라는 식의 접근법이지. 이런 솔직함이 오히려 투자자들에게 신뢰를 주어 2년 만에 투자 유치 실적이 300% 증가했다고 해.

■ 실전 Case Study: 위기를 기회로 전환한 지역

이론적 사례를 넘어, 실제 지역이 투자 유치 위기를 혁신적으로 극복한 생생한 사례를 통해 실용적 교훈을 얻어 보자.

※ S지역의 제조업 투자 이탈 위기 극복 사례

배경 상황

·전통적 제조업 중심 도시로 30년간 성장, 2010년대 들어 인건비 상승으로 경쟁력 약화.

·주요 다국적 기업들의 동남아 이전.

·5년간 제조업 일자리 15,000개 감소, 지역 경제 침체.

위기 대응 전략

1. 현실 직시와 새로운 비전 설정

·저비용 경쟁이 아닌 '스마트 제조 혁신 허브'로 재포지셔닝.

·단순 생산 기지 → 첨단 제조+R&D+디지털 전환의 테스트 베드.

2. 선택과 집중의 타깃팅 전략

·5개 첨단 제조 분야 선정.(스마트 팩토리, 로봇, 신소재, 바이오 제조, 그린 에너지)

·기존 투자 기업 중 혁신 지향적 기업 선별 집중 지원.

·글로벌 혁신 선도 기업 타깃 리스트 100개 선정.

3. 차별화된 지원 패키지 개발

·'디지털 전환 지원 패키지': 스마트 팩토리 전환 보조금, 데이터 인프라, 기술 컨설팅.

·'산학 협력 혁신 플랫폼': 지역 대학-기업 연계 R&D 지원, 공동 인력 양성.

·'규제 샌드박스 특구': 신기술 실증 및 테스트 특례 지원.

4. 사람 중심 접근법

·'스마트 인력 전환 프로그램': 기존 제조업 인력의 디지털 역량 강화.

·'글로벌 혁신 인재 유치 프로그램': 해외 전문가 정착 지원 패키지.

·'청년 창업가-기업 연계 프로그램': 오픈 이노베이션 생태계 조성.

5. 성과와 결과

·주요 성과 1: 5개 글로벌 첨단 제조 기업의 R&D+생산 복합 단지 유치.(총 12

억 달러)

·주요 성과 2: 기존 제조 기업 35개 사의 스마트 팩토리 전환 성공.(철수율 75% 감소)

·주요 성과 3: 지역 대학-기업 공동 R&D 센터 8개 설립.(인재 유출 50% 감소)

·경제적 효과: 첨단 제조업 신규 일자리 8,000개 창출, 지역 수출 35% 증가.

> **S지역 성공의 결정적 요인**
> S지역 성공 사례에서 가장 주목할 점은 '위기를 숨기지 않고 정면 돌파한 솔직함'이야. 지역 전체가 직면한 제조업 위기를 공개적으로 인정하고, 모든 이해관계자(기업, 대학, 근로자, 지역 사회)가 참여하는 열린 논의 과정을 통해 새로운 비전을 만들어 냈어. 특히 기존 제조업 인력들의 디지털 역량 강화에 초점을 맞춘 '사람 중심 전환 전략'이 결정적이었다고 해. 투자 유치 담당자는 "우리는 단순히 공장을 유치하는 것이 아니라, 사람과 기술의 미래를 함께 만들어 갈 파트너를 찾았다."고 말해.

※ T지역의 브랜드 이미지 전환 성공 사례

배경 상황

·과거 대규모 환경 오염 사고로 인한 부정적 이미지 형성.

·10년간 주요 투자 유치 실패, '투자 기피 지역'으로 낙인.

·지역 청년 인구 유출 및 경제 침체 지속.

이미지 전환 전략

1. 과거 직시와 변화 스토리 구축

· 환경 문제를 숨기지 않고 오히려 '환경 재생의 모델'로 재구성.

· '상처에서 배움으로'라는 스토리텔링 개발.

· 환경 재생 과정을 투명하게 공개하는 모니터링 시스템 구축.

2. 그린 투자 허브로 포지셔닝

· 환경 기술, 클린 테크, 순환 경제 중심 산업 클러스터 조성.

· 환경 복원 과정을 실증 사례로 활용한 테스트 베드 제공.

· 재생 에너지 100% 사용 산업 단지 개발.

3. 글로벌 표준 인증 획득

· 국제 환경 인증(LEED, BREEAM 등) 적극 획득.

· 국제 기구와의 파트너십 구축.(UNEP, 세계은행 등)

· 환경 모니터링 데이터의 투명한 공개.

4. 차별화된 커뮤니케이션 전략

· '최악에서 최고로'의 변화 스토리 국제 미디어에 적극 홍보.

· 환경 분야 글로벌 컨퍼런스 유치 및 개최.

· 지역 변화 과정을 다룬 다큐멘터리 제작 및 배포.

5. 성과와 결과

· 주요 성과 1: 글로벌 클린 테크 기업 15개 사 유치.(총 8억 달러 투자)

· 주요 성과 2: 순환 경제 스타트업 60개 집적, 혁신 생태계 형성.

· 주요 성과 3: 글로벌 환경 솔루션 센터 설립.(국제 기구 공동)

· 경제적 효과: 환경 산업 일자리 5,000개 창출, 관광객 70% 증가, 인구 유출 중단.

> **T지역 성공의 교훈**
> T지역 사례의 핵심 교훈은 '약점을 강점으로 전환하는 창의적 발상'이야. 대부분 지역이 환경 문제나 과거의 부정적 이슈를 감추려 하지만, T지역은 오히려 이를 전면에 내세워 차별화에 성공했어. 투자 유치 담당자는 "우리는 완벽한 지역이 아니라 끊임없이 배우고 개선하는 지역임을 강조했다."고 말해. 특히 과거 환경 문제로 인한 지역 주민들의 트라우마를 치유하는 과정을 지역 재생의 스토리텔링에 포함시킨 접근법이 투자자들에게 큰 공감을 얻었다고 해.

★ **마지막 조언** "투자 유치의 궁극적 목표는 숫자나 규모가 아니라 지역과 투자자가 함께 성장하는 상생의 파트너십을 구축하는 거야. 가장 성공적인 투자 유치는 5년, 10년 후에도 양측 모두가 '최고의 결정이었다.'고 말할 수 있는 관계를 만드는 것이지. 투자 유치는 결혼과 비슷해. 화려한 결혼식보다 그 이후의 행복한 동행이 진짜 성공이야. 투자 계약 체결은 끝이 아닌 진정한 시작이라는 마음가짐으로 접근해야 해."(30년 경력 글로벌 투자 유치 전문가 최종 인터뷰 중)

■ 실패를 방지하는 체크 리스트

투자 유치 과정에서 흔히 발생하는 실패를 예방하기 위한 실용적인 체크 리스트야.

제안서 작성 체크 리스트
1) 약속과 현실 일치 검증
·제시한 모든 인센티브의 법적 / 행정적 실현 가능성 확인 ☐
·인프라 제공 약속의 구체적 일정과 예산 확보 ☐
·인력 공급 주장에 실제 데이터 기반 검증 ☐
·모든 약속에 대한 부서 간 사전 협의 완료 ☐
2) 협업 체계 구축
·투자 프로젝트별 범부서 TF 구성 ☐
·중앙·지방 정부 협력 채널 구축 ☐
·의사 결정 권한을 가진 담당자 명확화 ☐
·위기 / 갈등 발생 시 에스컬레이션 경로 설정 ☐
3) 투자자 진짜 니즈 파악
·표면적 요구 너머의 핵심 사업 목표 이해 ☐
·본사 – 현지 법인 간 우선순위 차이 파악 ☐
·의사 결정자 개인의 관심사 / 우려 사항 발견 ☐
·투자자 문화적 특성과 선호도 고려 ☐
4) 체계적 사후 관리 준비
·투자 이행 단계별 지원 로드맵 수립 ☐
·인센티브 집행 프로세스 간소화 ☐
·전담 지원팀 구성 및 권한 부여 ☐
·정기적 소통 및 피드백 채널 구축 ☐
·투자자 정착 지원 및 커뮤니티 연계 프로그램 구축 ☐
·투자 확대 / 추가 유치를 위한 장기적 관계 관리 계획 ☐

■ 실전 투자 유치 담당자의 성공 마인드 셋

투자 유치의 최종 성공 요인은 결국 사람이야. 어떤 마인드 셋으로 접근하느냐가 성패를 좌우해. 성공하는 투자 유치 담당자들이 공통적으로 가진 마인드 셋을 정리해 봤어.

※ 성공하는 투자 유치 담당자의 7가지 마인드 셋

1. 투자자 중심 사고

· "내가 투자자라면 어떤 니즈와 우려가 있을까?"라는 질문으로 시작.
· 규정과 절차 중심이 아닌 문제 해결 중심 접근.
· 투자자 관점에서 모든 프로세스 재설계.

2. 주인 의식과 책임감

· 내 지역, 내 투자자라는 주인 의식.
· 부서 / 직급의 경계를 넘어선 문제 해결 의지.
· "내 일이 아니다."가 아닌 "내가 해결하겠다." 마인드.

3. 장기적 시각

· 단기 성과보다 장기적 관계 중시.
· 투자 생애 주기 전체를 관리하는 접근법.
· 현재 결정의 5년 후 영향 고려.

4. 지속적 학습 열정

· 산업 트렌드와 기술 변화에 대한 끊임없는 학습.

· 경쟁 지역의 전략과 사례 연구.

· 투자자 산업 / 기업에 대한 깊은 이해 추구.

5. 유연성과 창의성

· 고정 관념과 관행에 얽매이지 않는 유연한 사고.

· 문제에 대한 창의적 해결책 모색.

· "안 된다."가 아닌 "어떻게 하면 될까?" 접근법.

6. 팀워크와 협업 정신

· 다양한 이해관계자와의 협력 관계 구축.

· 공로를 나누고 함께 성장하는 마인드.

· 공동의 목표를 위한 조율과 조정 능력.

7. 회복 탄력성(Resilience)

· 실패와 좌절에서 빠르게 회복하는 능력.

· 거절과 비판을 성장 기회로 활용.

· 끈기와 인내를 통한 장기적 성취 추구.

★ **베테랑 투자 유치 담당자의 고백** "20년 투자 유치 경력 동안 가장 크게 깨달은 것은 '투자 유치는 관계의 비즈니스'라는 점이야. 수치와 조건도 중요하지만, 결국 사람과 사람 사이의 신뢰와 공감이 결

정적인 역할을 해. 어떤 투자자는 계약 체결 후 이렇게 말했어. '당신이 우리 회사를 진정으로 이해하고, 우리의 성공을 위해 헌신한다는 믿음이 결정적이었다.'고 그 말이 내 접근법을 완전히 바꿨지. 이제 나는 단순한 투자 유치 담당자가 아니라 투자자의 성공 파트너가 되기 위해 노력해."(25년 경력 U지역 투자 유치 센터장)

■ 투자 유치 담당자의 자기 관리 전략

투자 유치는 장기적이고 스트레스가 많은 업무야. 지속적인 성과를 내기 위한 자기 관리 전략도 아주 중요해.

1. 지식과 역량 관리

·산업별 최신 동향 정기적 학습.(주 2시간 이상)

·글로벌 경제 / 비즈니스 뉴스 일일 체크.

·외국어 능력 지속적 향상.

·협상 / 커뮤니케이션 스킬 정기적 훈련.

2. 네트워크 관리

·다양한 분야 전문가 네트워크 구축.

·기존 투자 기업과의 정기적 소통.

·국내외 투자 유치 전문가 커뮤니티 참여.

·산업별 컨퍼런스 / 포럼 참석.

3. 멘탈 관리

·장기적 관점에서 성과 평가.

·거절과 실패를 배움의 기회로 인식.

·스트레스 관리와 워라벨 유지.

·소진(Burnout) 방지를 위한 자기 점검.

4. 커리어 개발 전략

·프로젝트별 성과 기록 및 노하우 축적.

·특정 산업 / 국가 전문성 개발.

·투자 유치 성공 사례 분석 및 공유.

·글로벌 역량 강화를 위한 해외 연수 / 교류.

★ 현장에서 통하는 자기 관리 팁 "투자 유치는 마라톤이지 단거리 경주가 아니야. 장기적 성과를 위해선 체력과 정신력 관리가 핵심이지. 나는 매주 금요일 오후를 '학습과 성찰의 시간'으로 정해 두고, 한 주간의 활동을 돌아보고 새로운 지식을 습득하는 데 써. 또 분기마다 '인베스트먼트 다이어리'를 작성해 성공 / 실패 사례를 분석하고 교훈을 정리하고 있어. 이런 습관이 10년 넘게 이 일을 열정적으로 할 수 있는 원동력이 됐지."(V지역 투자 유치 매니저)

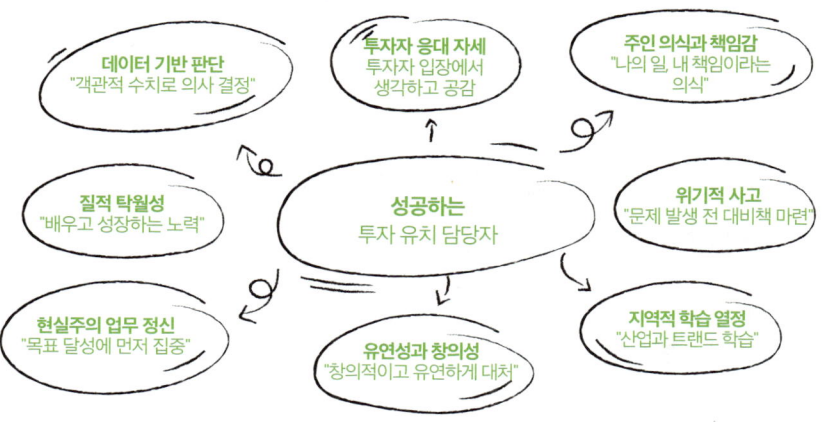

성공하는 투자 유치 담당자의 7가지 마인드셋

■ 미래 투자 유치 트렌드와 준비 전략

투자 유치 환경은 끊임없이 변화하고 있어. 앞으로 5 ~ 10년간 주목해야 할 트렌드와 이에 대응하는 준비 전략을 소개할게.

※ 주요 미래 트렌드와 대응 방향

1. ESG 중심 투자 확대

트렌드: 환경, 사회, 지배 구조 요소가 투자 정결의 핵심 기준으로 부상.

대응 전략

· 지역의 ESG 성과 측정 및 국제 인증 획득.

· 탄소 중립 산업 단지 등 친환경 인프라 구축.

· ESG 성과 데이터의 투명한 공개 시스템 구축.

· 지역 사회적 가치와 연계한 투자 유치 전략 개발.

2. 디지털 전환 가속화

트렌드: 스마트화, 자동화, AI 기반 비즈니스 모델로의 전환.

대응 전략

· 디지털 인프라(5G / 6G, 데이터 센터 등) 선제적 구축.

· 디지털 인재 양성 및 유치 프로그램 강화.

· 스마트 행정 시스템으로 투자 절차 간소화.

· 디지털 전환 지원 인센티브 패키지 개발.

3. 지식 기반 투자 중심화.

트렌드: 제조 생산에서 R&D, 디자인, 서비스 중심으로 가치 이동

대응 전략

- 연구 개발 생태계 강화.(대학, 연구소, 스타트업 연계)
- 글로벌 인재 유치를 위한 정주 환경 개선.
- 지식 재산권 보호 및 활용 지원 시스템 구축.
- 산학연 협력 플랫폼 고도화.

4. 지역 간 경쟁 심화

트렌드: 글로벌 투자 유치를 위한 지역 간 경쟁 격화.

대응 전략

- 지역 고유의 차별화 전략 개발.
- 타깃 산업 선택과 집중으로 경쟁력 강화.
- 투자자 경험(Investor Experience) 혁신.
- 지역 간 협력적 접근으로 상생 모델 구축.

★ **미래 투자 유치 전문가의 조언** "앞으로의 투자 유치는 '양'이 아닌 '질'의 경쟁이 될 거야. 단순히 많은 투자를 유치하는 것보다 지역의 장기적 발전과 시너지를 창출할 수 있는 '올바른' 투자를 유치하는 것이 중요해질 거야. 이를 위해 투자 유치 담당자들은 산업 전문가, 미래 학자, 생태계 설계자로 진화해야 해. 단순 영업맨이 아닌 지역 발전의 전략가이자 큐레이터가 되어야 하는 거지."(글로벌투자유치미래전략연구소장)

■ 미래 투자 유치 담당자를 위한 준비 전략

1. 산업 전문성 고도화
· 특정 미래 산업 분야에 대한 깊은 전문성 개발.
· 글로벌 가치 사슬 변화에 대한 통찰력 확보.
· 첨단 기술 트렌드에 대한 지속적 학습.

2. 디지털 역량 강화
· 데이터 분석 및 시각화 능력 개발.
· 디지털 마케팅 및 컨텐츠 제작 역량 향상.
· 가상 현실(VR) / 증강 현실(AR) 기술 활용 능력.

3. 글로벌 네트워크 확장
· 주요 글로벌 투자 플랫폼 참여.
· 국제 투자 유치 전문가 네트워크 구축
· 문화적 지능(Cultural Intelligence) 개발.

4. 전략적 사고와 리더십
· 장기적 비전 수립 및 실행 능력.
· 다양한 이해관계자 관리 및 협력 구축.
· 복잡한 문제 해결을 위한 창의적 접근법.

★ **마지막 한마디** "투자 유치는 단순한 행정 업무가 아니라 지역의 미래를 디자인하는 창의적 작업이야. 성공적인, 정말로 성공적인 투자 유치 담당자는 투자 금액이나 일자리 숫자만으로 자신의 성과를 측정하지 않아. 대신 '내가 유치한 투자가 10년 후 이 지역을 어떻게 변화시켰는가?'를 자문해. 그리고 그 대답이 '더 혁신적이고, 더 지속 가능하며, 더 포용적인 지역으로 만들었다.'일 때 진정한 성공을 이룬 거야."(30년 경력 글로벌 투자 유치 거장 마지막 인터뷰 중)

Appendix I 현장에서 바로 쓰는 실전 자료

■ 필수 해외투자유치 용어 100선

현장에서 바로 활용할 수 있는 해외투자유치 관련 핵심 용어를 정리했어. 투자자와의 미팅, 문서 작성, 협상 시 전문성을 보여 주는 데 도움이 될 거야.

■ 투자 유형 및 기본 개념

1. **FDI(Foreign Direct Investment)**: 외국인 직접 투자. 외국인이 국내 기업의 경영에 참여하기 위해 이루어지는 투자.

2. **그린필드 투자(Greenfield Investment)**: 해외에서 새로운 시설을 건설하는 투자 방식.

3. **브라운필드 투자(Brownfield Investment)**: 기존 시설이나 기업을 인수하는 방식의 투자.

4. **M&A(Mergers and Acquisitions)**: 기존 기업을 인수하거나 합병하는 방식의 투자.

5. **JV(Joint Venture)**: 합작 투자. 둘 이상의 기업이 공동으로 새로운 기업을 설

립하는 형태.

6. **전략적 투자자(Strategic Investor)**: 사업 확장, 기술 획득 등 전략적 목적의 투자자.

7. **재무적 투자자(Financial Investor)**: 재무적 수익을 주목적으로 하는 투자자.

8. **포트폴리오 투자(Portfolio Investment)**: 경영 참여보다 자본 이득이나 이자 수익을 목적으로 하는 투자.

9. **수출 기지형 투자**: 생산비 절감을 위해 수출 목적으로 이루어지는 투자.

10. **시장 진출형 투자**: 현지 시장 진출을 목적으로 하는 투자.

■ 투자 인센티브 및 정책 용어

1. **조세 감면(Tax Relief)**: 투자자에게 제공되는 세금 감면 혜택.

2. **투자 보조금(Investment Grant)**: 투자 비용의 일부를 정부가 지원하는 제도.

3. **입지 지원(Location Support)**: 공장, 사업장 부지 제공 등 입지 관련 지원.

4. **R&D 인센티브(R&D Incentive)**: 연구 개발 활동에 대한 특별 지원.

5. **고용 보조금(Employment Subsidy)**: 고용 창출에 따른 인건비 지원.

6. **교육 훈련 지원(Training Support)**: 인력 교육 훈련 비용 지원.

7. **외국인 투자 지역(Foreign Investment Zone)**: 외국인 투자 유치를 위해 지정된 특별 구역.

8. **경제 자유 구역(Free Economic Zone)**: 규제 완화, 세제 혜택 등을 제공하는 특별 경제 구역.

9. **캐시 인센티브(Cash Incentive)**: 현금으로 제공되는 투자 인센티브.

10. 원스톱 서비스(One-Stop Service): 투자 관련 모든 행정 절차를 한 곳에서 처리해 주는 서비스.

■ 투자 협상 및 계약 용어

1. MOU(Memorandum of Understanding): 양해 각서. 정식 계약 전 상호 의향을 확인하는 문서.

2. LOI(Letter of Intent): 의향서. 투자 의사를 표명하는 문서.

3. IA(Investment Agreement): 투자 계약서. 투자 조건을 명시한 법적 문서.

4. DD(Due Diligence): 실사. 투자 전 투자 대상에 대한 철저한 조사.

5. 클로징(Closing): 투자 계약의 최종 체결 단계.

6. 컨디션 프리시던트(Condition Precedent): 투자 실행의 선행 조건.

7. 레프리젠테이션(Representation): 계약서상 현재 사실에 대한 진술.

8. 워런티(Warranty): 계약서상 미래 사실에 대한 보증.

9. MAC(Material Adverse Change): 중대한 부정적 변화. 계약 철회 사유가 될 수 있음.

10. BATNA(Best Alternative To a Negotiated Agreement): 협상 결렬 시 최선의 대안.

■ 재무 및 투자 평가 용어

1. ROI(Return on Investment): 투자 수익률. 투자 대비 수익의 비율.

2. IRR(Internal Rate of Return): 내부 수익률. 투자 프로젝트의 수익성을 평

가하는 지표.

3. NPV(Net Present Value): 순 현재 가치. 미래 현금 흐름의 현재 가치를 평가.

4. 페이백 피리어드(Payback Period): 초기 투자금을 회수하는 데 걸리는 시간.

5. CAPEX(Capital Expenditure): 자본적 지출. 설비 투자 등에 사용되는 비용.

6. OPEX(Operating Expenditure): 운영 비용. 사업 운영에 지속적으로 발생하는 비용.

7. DCF(Discounted Cash Flow): 할인 현금 흐름. 미래 현금 흐름을 현재 가치로 환산하는 방법.

8. EBITDA(Earnings Before Interest, Taxes, Depreciation, and Amortization): 이자, 세금, 감가상각비 차감 전 이익.

9. LTV(Loan to Value): 담보 인정 비율. 자산 가치 대비 대출 비율.

10. WACC(Weighted Average Cost of Capital): 가중 평균 자본 비용. 기업의 자본 조달 비용.

■ 글로벌 비즈니스 및 무역 용어

1. FTA(Free Trade Agreement): 자유 무역 협정. 국가 간 무역 장벽을 낮추는 협정.

2. 관세(Tariff): 수입품에 부과되는 세금.

3. 비관세 장벽(Non-Tariff Barrier): 관세 외의 무역 장벽.(규제, 기준 등)

4. BOT(Build-Operate-Transfer): 건설-운영-양도. 인프라 프로젝트 진행 방식.

5. PPP(Public-Private Partnership): 민관 협력. 공공 부문과 민간 부문의 협력 사업.

6. HS 코드(Harmonized System Code): 국제 통일 상품 분류 체계. 수출입 품

목 분류 코드.

7. CIF(Cost, Insurance, and Freight): 운임 보험료 포함 조건. 국제 무역 거래 조건.

8. FOB(Free on Board): 본선 인도 조건. 국제 무역 거래 조건.

9. L / C(Letter of Credit): 신용장. 국제 무역 결제 수단.

10. INCOTERMS(International Commercial Terms): 국제 상업 조건. 국제 무역 거래 조건의 표준.

■ 산업 및 기술 관련 용어

1. IP(Intellectual Property): 지식 재산권. 특허, 상표, 저작권 등.

2. R&D(Research and Development): 연구 개발. 신제품, 기술 개발 활동.

3. GVC(Global Value Chain): 글로벌 가치 사슬. 국제적 생산 네트워크.

4. 스마트 팩토리(Smart Factory): 정보 통신 기술을 활용한 지능형 생산 공장.

5. 클러스터(Cluster): 특정 산업의 기업, 기관이 지리적으로 집적된 단지.

6. 스케일업(Scale-up): 초기 성공 후 사업 규모를 확장하는 단계.

7. 테크 트랜스퍼(Tech Transfer): 기술 이전. 기술을 다른 기관이나 기업에 이전.

8. 오픈 이노베이션(Open Innovation): 외부 자원을 활용한 혁신 활동.

9. 인더스트리 4.0(Industry 4.0): 제4차 산업 혁명. 제조업과 ICT 융합.

10. 디지털 트랜스포메이션(Digital Transformation): 디지털 기술을 활용한 사업 모델 혁신.

■ ESG 및 지속 가능성 용어

1. ESG(Environmental, Social, Governance): 환경, 사회, 지배 구조. 기업 평가 기준.

2. 탄소 중립(Carbon Neutrality): 탄소 배출량과 흡수량을 동일하게 맞추는 것.

3. SRI(Socially Responsible Investment): 사회 책임 투자. 사회적 책임을 고려한 투자.

4. GHG(Greenhouse Gas): 온실 가스. 지구 온난화의 주요 원인.

5. RE100(Renewable Energy 100%): 기업이 사용하는 전력의 100%를 재생에너지로 충당하는 캠페인.

6. SDGs(Sustainable Development Goals): UN 지속 가능 발전 목표.

7. CSR(Corporate Social Responsibility): 기업의 사회적 책임.

8. 서플라이 체인 듀 딜리전스(Supply Chain Due Diligence): 공급망 실사. ESG 관점에 공급망 점검.

9. 그린워싱(Greenwashing): 실제 친환경적이지 않으면서 친환경적인 것처럼 홍보하는 행위.

10. 임팩트 인베스팅(Impact Investing): 사회적, 환경적 영향을 고려한 투자.

■ 리스크 관리 및 국제 비즈니스 용어

1. 컨트리 리스크(Country Risk): 국가 위험. 특정 국가의 정치, 경제적 불안정으로 인한 위험.

2. 커런시 리스크(Currency Risk): 환율 변동에 따른 위험.

3. 라이센싱(Licensing): 지식 재산권 사용 허가.

4. 헷징(Hedging): 위험 회피를 위한 금융 기법.

5. 포스 마조르(Force Majeure): 예측할 수 없는 외부 사건으로 계약 이행이 불가능한 상황.

6. 컴플라이언스(Compliance): 법규 준수. 기업이 관련 법규와 규정을 준수하는 것.

7. 옴부즈만(Ombudsman): 고충 처리인. 외국인 투자 기업의 애로 사항을 처리하는 담당자.

8. 비자(Visa): 외국인의 입국 및 체류 허가.

9. 엑스팻(Expat): 해외 주재원. 모국이 아닌 다른 나라에서 일하는 사람.

10. 글로컬라이제이션(Glocalization): 글로벌+로컬. 세계화와 현지화의 결합.

■ 정부 및 행정 관련 용어

1. 규제 샌드박스(Regulatory Sandbox): 혁신적 서비스나 제품에 대해 일시적으로 규제를 면제 / 유예하는 제도.

2. 인허가(Licensing & Permitting): 사업 수행에 필요한 정부의 허가 및 승인.

3. 환적세(Transfer Tax): 부동산 등 자산 이전 시 부과되는 세금.

4. 법인세(Corporate Tax): 법인의 이익에 부과되는 세금.

5. 지방세(Local Tax): 지방 자치 단체가 부과하는 세금.

6. 투자 진흥 지구(Investment Promotion Zone): 투자 유치를 위해 지정된 특별 구역.

7. 행정 간소화(Administrative Streamlining): 행정 절차를 간소화하는 조치.

8. 투자 심사(Investment Screening): 외국인 투자에 대한 국가 안보 등 측면의 심사.

9. 외투 비율(Foreign Investment Ratio): 기업 내 외국인 투자 비율.

10. 투자 옴부즈만(Investment Ombudsman): 외국인 투자 관련 고충 처리 담당자.

■ 실무 커뮤니케이션 용어

1. IR(Investor Relations): 투자자 관계. 투자자와의 소통 활동.

2. 피치 덱(Pitch Deck): 투자 유치를 위한 프레젠테이션 자료.

3. 엘리베이터 피치(Elevator Pitch): 짧은 시간 내에 핵심을 전달하는 소개 방식.

4. 밸류 프로포지션(Value Proposition): 가치 제안. 투자자에게 제공할 핵심 가치.

5. 타임라인(Timeline): 투자 프로젝트의 일정 계획.

6. 마일스톤(Milestone): 프로젝트의 중요 단계나 목표.

7. 스테이크홀더(Stakeholder): 이해관계자. 투자와 관련된 모든 당사자.

8. 바이어 페르소나(Buyer Persona): 이상적인 투자자 프로필.

9. 네트워킹 이벤트(Networking Event): 인맥 형성을 위한 모임.

10. 팔로우업(Follow-up): 후속 조치. 미팅 후 지속적인 관계 유지 활동.

★실무자 TIP! 용어를 단순 암기하는 것보다, 실제 상황에서 자연스럽게 사용하는 것이 중요해. 매일 3~5개씩 활용해 보면서 익숙해지도록 해 봐. 특히 외국어(영어, 중국어, 일본어 등) 버전도 함께 익혀 두면 국제 미팅에서 더욱 유용하게 활용할 수 있어!

■ 즉시 활용 가능한 실무 템플릿 & 체크 리스트

실무에서 바로 활용할 수 있는 핵심 템플릿과 체크 리스트를 준비했어. 필요에 따라 상황에 맞게 수정해서 사용해 봐!

1. 투자 유치 타깃 기업 분석 템플릿

1. 기본 정보
기업명: _____ 국가: _____
산업 분야: _____ 설립 년도: _____
임직원 수: _____ 연간 매출액: _____
주요 제품 / 서비스: _____

2. 투자 이력 및 해외 진출 현황
국내 해외 투자 사례: _____
해외 진출 형태: _____
진출국 및 현황: _____
관할 한국 산업 협력: _____

3. SWOT 분석
강점(Strengths): _____
약점(Weaknesses): _____
기회(Opportunities): _____
위협(Threats): _____

4. 투자 니즈 및 의사 결정 요소
예상 투자 목적: _____
핵심 의사 결정 요소: _____
의사 결정 구조: _____
주요 의사 결정자: _____

5. 접근 전략
주요 접촉 경로: _____
접촉 주기: _____
예상 협력 모델 / 사례: _____
지원 방안: _____

6. 액션플랜
1단계: _____
2단계: _____
3단계: _____
4단계: _____
최종 기대 효과: _____

7. 기대 효과 및 경제적 영향
예상 투자 규모: _____
고용 창출 효과: _____
지역 경제 파급 효과: _____
산업 생태계 영향: _____

작성일: _____ 작성자: _____ 부서: _____

2. 투자자 미팅 준비 체크 리스트

1. 미팅 기본 정보
☐ 미팅 일시 및 장소 확정
☐ 참석자 명단 및 직책 확인
☐ 미팅 아젠다 및 시간 배분 계획 수립
☐ 통역 필요 여부 확인 및 준비

2. 투자자 사전 조사
☐ 기업 핵심 사업 영역 및 전략 파악
☐ 최근 해외 투자 동향 및 인력 조사
☐ 주요 참석자 프로필 및 관심사 파악
☐ 기업 문화 및 의사 결정 방식 이해
☐ 경쟁 지역 접촉 현황 확인

3. 발표 자료 준비
☐ 지역 소개 자료 (5 ~ 7분 분량)
☐ 투자자 맞춤형 가치 제안 자료
☐ 핵심 인센티브 패키지 요약
☐ 성공 사례 및 레퍼런스
☐ 인프라 및 입지 관련 시각 자료
☐ 발표 자료 다국어 버전 준비

4. 현장 물류 준비
☐ 미팅룸 예약 및 세팅 확인
☐ 프레젠테이션 장비 테스트
☐ 교통 및 픽업 계획 수립
☐ 다과 및 식사 준비(문화적 선호 고려)
☐ 명함, 기념품, 인쇄물 준비

5. 질의응답 준비
☐ 예상 질문 리스트 및 답변 준비
☐ 구체적 데이터 및 근거 자료 준비
☐ 추가 자료 요청 시 대응 방안
☐ 적절 어려운 질문에 대한 후속 절차 마련

6. 팀 준비 사항
☐ 참석 팀원 역할 분담 (발표, 기록, 지원 등)
☐ 핵심 메시지 및 전달 포인트 공유
☐ 미팅 중 실시간 소통 방법 확인
☐ 미팅 후 평가 및 후속 조치 계획

7. 후속 계획
☐ 감사 이메일 / 엽서 초안 준비
☐ 추가 정보 제공 경로 설정
☐ 다음 단계 제안 준비
☐ 후속 미팅 가능 일정 검토

3. 투자 유치 성공 가능성 평가 매트릭스

투자 유치 성공 가능성 평가

■ 평가 방법
· 각 항목: 1 ~ 5점 평가 (1: 매우 낮음, 5: 매우 높음)
· 가중치 고려한 총점 계산
· 총점 기준: 70점 (높음), 50 ~ 69점 (중간), 50점 미만 (낮음)
· 자원 배분: 70점 (집중), 50 ~ 69점 (선별적), 50점 미만 (재검토)

투자자 요인 (40%)

평가 항목	점수(1-5)	가중치	가중 점수
투자 계획의 구체성		5	
한국 지역에 대한 관심도		4	
투자 결정 권한		5	
투자금 확보 능력		4	
유사 투자 경험		3	
경쟁 지역과의 접촉 상황		3	
소계		24	

지역 경쟁력 요인 (35%)

평가 항목	점수(1-5)	가중치	가중 점수
투자자 니즈와의 적합성		5	
입지 경쟁력		4	
인센티브 패키지 매력도		4	
인력 수급 용이성		4	
산업 생태계 경쟁력		3	
경쟁 지역 대비 차별점		3	
소계		23	

실행 및 환경 요인 (25%)

평가 항목	점수(1-5)	가중치	가중 점수
내부 추진 역량 및 자원		4	
유관 기관 협조 가능성		3	
관련 규제 및 정책 환경		3	
시장 및 산업 트렌드 부합성		3	
위험 요소 관리 가능성		3	
소계		16	

종합 평가 총점: ____ / 100

Epilogue

당신의 노력이 지역의 미래를 바꿉니다.

이 책의 마지막 페이지까지 읽어 주신 여러분께 깊은 감사의 말씀을 전합니다.

투자 유치는 단기간에 결과를 볼 수 있는 업무가 아닙니다. 때로는 수년간의 노력 끝에 한 건의 투자를 성사시키기도 합니다. 그 과정에서 많은 좌절과 실패를 경험하게 될 수도 있습니다. 하지만 그 한 건의 투자가 지역에 미치는 영향은 엄청납니다. 새로운 일자리 창출, 지역 경제 활성화, 기술 이전, 연관 산업 발전 등 투자 유치의 효과는 선순환하며 지역의 미래를 바꿀 수 있습니다.

여러분의 노력이 지역의 미래를 바꾸는 중요한 열쇠가 된다는 사실을 잊지 마세요. 이 책에서 소개한 방법론과 전략들을 여러분의 상황에 맞게 적용하고 발전시켜 나가시기를 바랍니다. 완벽한 메뉴얼은 존재하지 않습니다. 여러분이 현장에서 경험하는 시행착오와 창의적인 접근법들이 모여 더 나은 투자 유치 노하우를 만들어 갈 것입니다.

혹시 업무를 진행하며 어려움을 겪거나 추가적인 조언이 필요하다면, 주저하지 말고, 다른 지자체의 투자 유치 담당자들이나 KOTRA, 산업통상자원부 등의 전문가들에게 도움을 청하세요. 우리는 모두 대한민국의 균형 발전이라는 같은 목표를 향해 나아가고 있습니다.

마지막으로, 이 책이 여러분의 업무에 실질적인 도움이 되었기를 진심으로 바랍니다. 여러분이 맡은 지역의 투자 유치 업무가 성공적으로 이루어져, 지역 주민들의 삶의 질이 향상되고 지역 경제가 활성화되는 선순환이 이루어지길 응원합니다.
여러분은 이미 '갓생' 투자 유치 담당자를 향한 첫걸음을 내디뎠습니다. 이제 그 지식을 바탕으로 현장에서 빛나는 성과를 만들어 가시길 바랍니다.

투자 유치 실무자 여러분의 건승을 기원합니다!

References

주요 참고 문헌 및 사이트 목록

■ 국내 핵심 자료

산업통상자원부 (2024), 『외국인 투자 촉진 업무 매뉴얼』

외국인 투자 관련 법령, 인센티브 제도 및 행정 절차 종합 안내서

참고 사이트: www.motie.go.kr

KOTRA (2025), 『글로벌 투자 유치 핸드북』

국가별 / 산업별 투자 유치 전략과 사례, 협상 기법 등 실무 안내서

참고 사이트: www.kotra.or.kr / investkorea

KOTRA (2024), 『국가별 투자 유치 가이드』

주요 투자국 투자 패턴, 문화적 특성, 협상 전략 등 수록

참고 사이트: www.investkorea.org

한국외국인투자옴부즈만 (2023), 『외국인 투자 기업 경영 환경 개선 사례집』

투자 기업 애로 사항 해결 사례와 시사점 분석

참고 사이트: www.i-ombudsman.or.kr

산업연구원 (2024), 『국내 복귀 기업 실태 조사 및 정책 과제』

리쇼어링 기업 성공 / 실패 요인 분석 및 정책 제언

참고 사이트: www.kiet.re.kr

한국지역경제학회 (2023), 『지역 투자 유치 성공 사례 분석』

국내 지역별 투자 유치 성공 전략 및 요인 분석

대외경제정책연구원 (2024), 『글로벌 가치 사슬 재편에 따른 외국인 투자 유치 전략』

GVC 변화와 한국의 포지셔닝 전략 연구

참고 사이트: www.kiep.go.kr

한국무역협회 (2025), 『글로벌 통상 환경 변화와 외국인 투자』

국제 통상 환경 변화가 투자 흐름에 미치는 영향 분석

참고 사이트: www.kita.net

■ 국제 기구 및 해외 자료

UNCTAD (2024), 『World Investment Report』

글로벌 투자 트렌드, 정책 동향, 지역별 투자 흐름 분석

참고 사이트: unctad.org / publications

World Bank Group (2023), 『Global Investment Competitiveness Report』

투자자 의사 결정 요인, 투자 환경 평가, 정책 제언 등

참고 사이트: www.worldbank.org / investment-climate

OECD (2024), 『FDI Regulatory Restrictiveness Index』

국가별 FDI 규제 수준 비교 및 평가

참고 사이트: www.oecd.org / investment

fDi Intelligence (2025), 『Global Investment Trends Monitor』

최신 그린필드 투자 동향 및 예측

참고 사이트: www.fdiintelligence.com

World Economic Forum (2024), 『Global Competitiveness Report』

국가 경쟁력 지수 및 투자 매력도 평가

참고 사이트: www.weforum.org

■ 투자 유치 실무 및 전략 도서

Fisher, R. & Ury, W. (1981), 『Getting to Yes: Negotiating Agreement Without Giving In』

협상의 기본 원칙과 윈-윈 전략 제시하는 협상 분야 고전

Coyle, J. (2022), 『The Culture Map: Breaking Through the Invisible Boundaries of Global Business』

문화 간 비즈니스 소통과 협상 전략 제시

Doz, Y. & Williamson, P. (2023), 『Global Investment Strategies in the Age of Geopolitical Shifts』

지정학적 변화에 따른 글로벌 투자 전략 변화 분석

Porter, M. E. (1998), 『Competitive Advantage of Nations』

국가 및 지역 경쟁 우위 이론의 고전

Kim, W. C. & Mauborgne, R. (2015), 『Blue Ocean Strategy』

차별화된 가치 제안을 통한 경쟁 우위 확보 전략

■ 실시간 데이터 및 트렌드 사이트

FDI Markets

실시간 글로벌 그린필드 투자 프로젝트 데이터 베이스

참고 사이트: www.fdimarkets.com

Investment Monitor

글로벌 투자 트렌드, 산업별 투자 분석 콘텐츠

참고 사이트: www.investmentmonitor.ai

국가 통계 포털(KOSIS) - 외국인 직접 투자 통계

한국의 외국인 투자 통계 데이터

참고 사이트: kosis.kr

외국인 투자 통계 시스템(INSC)

외국인 투자 기업 상세 데이터 및 분석

참고 사이트: insc.kotra.or.kr(접근 권한 필요)

글로벌 컨설팅사 투자 트렌드 보고서

McKinsey Global Institute, BCG, Deloitte 등의 글로벌 투자 관련 보고서

참고 사이트: www.mckinsey.com / mgi, www.bcg.com, www2.deloitte.com

■ 투자 유치 커뮤니티 및 네트워킹 플랫폼

World Association of Investment Promotion Agencies(WAIPA)

글로벌 투자 유치 기관 네트워크

참고 사이트: waipa.org

2. LinkedIn Investment Promotion Groups

투자 유치 전문가 네트워킹 및 정보 공유 그룹

참고 사이트: www.linkedin.com

3. 투자 유치 담당자 실무 커뮤니티(IPAK)

국내 투자 유치 담당자 정보 공유 및 네트워킹 채널

참고 사이트: 내부 접속 채널(담당자 문의)

※ 본 자료는 2025년 3월 기준으로 작성되었으며, 웹사이트 주소 및 최신 보고서는 변경될 수 있으니 검색을 통해 최신 자료를 확인하시기 바랍니다.
※ 각 참고 문헌의 상세 내용 및 기타 자료는 산업통상자원부, KOTRA 투자종합상담실(02-3460-7545)을 통해 문의하실 수 있습니다.

갓생 공무원의 해외투자유치 필살기

초판 1쇄 발행 2025년 6월 13일

지은이 김미란
감수자 성수영
펴낸이 이계섭

책임 편집 박찬세
디자인 이라희

펴낸곳 (주)백조
주소 경기도 화성시 남여울3길 19 201호
출판등록 2020년 8월 14일
전화 031-8015-0705
팩스 031-8015-0704
E-mail baekjo1120@naver.com

ISBN 979-11-91948-26-4(03320)
값 15,000원

*이 책 내용의 전부 또는 일부를 재사용하려면 반드시 저작권자와 (주)백조 양측의 동의를 받아야 합니다.
*잘못된 책은 바꾸어 드립니다.